21世纪职业教育规划教材·会计真账实训系列

根据中华人民共和国财政部最新政策编写

商业企业

《商业企业真账实训》编写组　主编

中国人民大学出版社

·北京·

本书编委会

前 言

目前，很多企业在会计岗位的招聘要求上都清楚地列明“要有相关工作经验”“能独立处理企业全盘账务”等，希望刚进入企业的会计人员能马上独当一面。但对于会计新人来说，他们很难达到这一要求，对此招聘要求颇感无奈！

会计新人在学习时，接触的会计知识都是点或面，缺乏链条式的、系统全面的会计体验，许多会计指导用书也是对会计业务进行分解后加以讲述。进入工作后，最常见的情况是缺乏工作常识，不了解会计流程，在小问题上犯低级错误，例如：

为新发生的一笔业务不知如何处理而烦恼；

对于所负责的局部工作“只见树木不见森林”而困惑；

因无法理解会计法律法规而对账务的处理感到心里没底；

想快速提升自己却找不着方向和方法而备感迷茫……

为帮助会计新人解决这一难题，快速提升会计操作技能，轻松掌握企业全盘账务处理流程。本书以虚拟商业企业两个月的经济业务为基础，充分考虑到不同企业、不同的经济业务类型，科学地设计了模拟账务。读者就是这个企业的会计人员，任务是把企业当月所发生的实账、经济业务，运用借贷记账法，通过填制凭证、登记账簿直至编制报表，系统地完成全部会计核算工作。

本书编写特点：

1. 实训系统全覆盖。本书与自主研发的会计真账实训系统相结合，真正实现了从理论到实践的全过程、全方位的学习模式。为学生从事企业会计工作打下扎实的基础，以期学生更快更好地适应从学生到员工的角色转变，实现学校学习与工作实践中会计岗位的零距离对接。

2. 高度仿真性。本书以企业真实的经济实务为基础素材，所有情景案例的设计都真实来源于会计实务工作，所用票据或单证采用全仿真形式。以企业会计人员的身份进行实务训练，大大提高了学生的感性认识，有助于加深其对会计基础理论与会计实务工作的深刻认识。

3. 工作流程的导向性。本书的实训资料以工作任务为引领，详细讲解会计日常工作内容及工作流程，使学生对会计工作有明确的理解与把握。通过体验会计岗位，丰富学生对会计专业的认识，使其掌握相应工作技能及理论知识的同时，达到胜任岗位的目标。

4. 图文并茂。本书避免大量文字的弊端，采用图、表形式简化理论知识及业务流程，达到一目了然的目的。

本书所涉及的案例、题目中的姓名、单位、地址、日期、身份证号码、银行相关信息等，仅为说明所阐释的内容和引导思考而部分或全部虚构，如有雷同，纯属巧合。

为了更直观地再现会计实务操作，本书与“云实训”系统相配合学习，可扫描二维码进行学习。本书的作者都是工作在财务战线的业务骨干，具有雄厚的理论基础和丰富的时间经验。由于时间有限，编写过程中难免存在着一些不足和遗憾，我们诚恳地欢迎财会专业工作者、初学者对本书提出改进建议，我们将从实际出发，不断丰富完善，在此提前致谢！

目　录

模块一　商业企业与商业企业会计

一、商业的概念

商业是以货币为媒介进行交换从而实现商品流通的经济活动。商业有广义与狭义之分：广义的商业是指所有以营利为目的的经济活动；狭义的商业是指专门从事商品交换的经济活动。商业的本质是价值交换，兴起于先秦时期。现代的商业由于互联网的发展，分为线下和线上两种，极大地提高了贸易的效率。

二、商业的分类

广义的商业泛指所有以营利为目的的经济活动。人类最原始的生产组织形式是自给自足的自然经济，以物易物的交换方式形成了原始的商业模式，货币出现后，进一步推动了商业的发展和社会分工的形成。

工业革命后，商业飞速发展，在推动社会进步、影响社会政治变革、形成商业信用文化等方面不断深化。

今天由于互联网技术的成熟、电商的迅猛发展、“无人超市”的到来，商业已经深刻地影响着每个人日常生活的方方面面。

狭义的商业是指专门从事商品交换的经济活动，就是我们常说的商贸业，在国家标准《国民经济行业分类》（GB/T4754–2011）中，以“批发业和零售业”最为典型。本书主要为大家介绍狭义商业企业会计及账务处理的相关知识和内容。

三、商业企业的特点

相对于制造企业，商业企业没有加工生产环节，货物采购、运输、存储、销售构成了基本的商业企业业务环节。

四、商业企业的会计核算要求

商业会计是商业的一种经营管理活动。简单来说，会计是适应社会生产的发展和管理要求而产生的，它是以货币为主要形式对经济活动进行反映和监督，通过收集、处理、传递和利用会计资料，对经济活动进行控制、调节和决策，提高经济效益的一种管理活动，是企业经济管理的重要组成部分。会计的基本职能，就是进行会计核算和会计监督；商业企业会计就是负责对商业各项业务的日常经营核算记录和监督。

商业会计的主要特点如下：商业会计以商品流通的资金运动为中心进行核算和管

理。商品流通通过商品、货币关系形成“货币 – 商品 – 货币”的资金循环运动形式，在购销过程中，通过商品购买、支付货款及费用，使货币资金转化为商品资金；在销售过程中，通过商品销售，取得收入和盈余，使商品资金又转化为货币资金，并获得增值。

五、商业企业适用的会计政策

虽然商业企业会计核算有其特点，但国家正逐步统一企业会计准则体系。会计准则是反映经济活动、确认产权关系和进行收益分配的会计技术标准，是生成和提供会计信息的系统，是政府干预经济活动、规范经济秩序、从事经济管理活动的重要手段。我国已颁布的会计准则有《企业会计准则》、《小企业会计准则》、《事业单位会计准则》。2006 年 2 月 15 日，财政部发布《企业会计准则》，自 2007 年 1 月 1 日起在上市公司范围内实行，并鼓励其他企业执行。2011 年 10 月 18 日，财政部发布《小企业会计准则》，要求符合适用条件的小企业自 2013 年 1 月 1 日起执行，并鼓励提前执行。《小企业会计准则》一般适用于在我国境内依法设立、经济规模较小的企业。本书按照《小企业会计准则》的规定进行会计核算并编制财务报表。

模块二　模拟企业简介

一、公司概况

京州市新大风机电设备有限公司属于商业企业，主要从事自动化设备、五金产品、仪器仪表、电子产品、气动元件、橡塑制品、保温材料、建材、焊接设备及材料、轴承、金属材料、电气设备、化工产品及原料的销售，为增值税一般纳税人，适用16%的增值税税率。

公司名称　京州市新大风机电设备有限公司

纳税人识别号　91320214313780942L

公司法人代表　郑快进

公司地址　京州市新区五洲国际工业博览城C区501

联系电话　025-28946083

开户银行（基本户）　交通银行京州新区支行

账号　8706513894612354

开户银行（一般户）　交通银行京州胜利支行

账号　8706513894612892

银行预留印鉴

京州市新大风机电设备有限公司财务专用章
3202130051***

财务专用章

郑快进印

法人章

编号 320203000020169230061

营业执照

统一社会信用代码 91320214313780942L

名　　称	京州市新大风机电设备有限公司
类　　型	有限责任公司
住　　所	京州市新区五洲国际工业博览城C区501
法定代表人	郑快进
注册资本	100万元整
成立日期	2018年9月15日
营业期限	2018年9月15日至******
经营范围	自动化设备、五金产品、仪器仪表、电子产品、气动元件、橡塑制品、保温材料、建材、焊接设备及材料、轴承、金属材料、电气设备、化工产品及原料的销售　（依法须经批准的项目，经相关部门批准后方可开展经营活动）。

登记机关

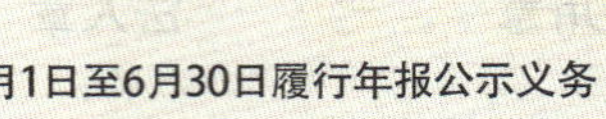

请于每年1月1日至6月30日履行年报公示义务

2018年　09月15日

企业信用信息公示系统网址：www.jsgsj.gov.cn:58888/province

中华人民共和国国家工商行政管理总局监制

二、会计核算制度

1. 公司会计制度健全，执行《小企业会计准则》。

2. 财务报表以持续经营为编制基础。

3. 会计年度自公历 1 月 1 日起至 12 月 31 日止。

4. 记账本位币为人民币（核算中金额计算保留至分位），记账文字为中文。

5. 会计核算以权责发生制为记账基础，以历史成本为计价原则。

6. 采用科目汇总表账务处理程序，如下图所示：

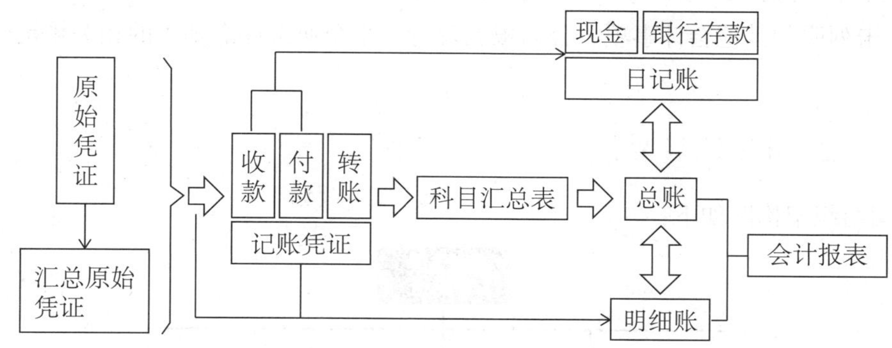

7. 存货的日常收发按实际成本法核算，发出存货采用月末一次加权平均法。

8. 固定资产折旧与无形资产摊销均采用年限平均法。

各类固定资产的估计残值率、折旧年限如下：

类别	折旧年限（年）	残值率（%）
生产设备	5	5
运输工具	4	5
器具、家具、工具	5	5
电子设备	3	5

9. 主要税种及税率

公司涉及的主要税种及税率如下：

税种	计税依据	税率（%）
增值税	增值额	16
城市维护建设税	应纳流转税额	7
教育费附加	应纳流转税额	3
地方教育费附加	应纳流转税额	2
企业所得税	应纳税所得额	25

10. 公司按有关规定计算缴纳社会保险费和住房公积金。基本社会保险及住房公积金以应付工资作为计提基数，计提比例如下：

	养老保险	医疗保险	补充医疗	失业保险	工伤保险	生育保险	住房公积金
公司	20%	7%	0.9%	1%	0.7%	0.5%	8%
个人	8%	2%		0.5%			8%

11. 公司根据有关规定，每年按当年净利润（扣减以前年度未弥补亏损后）的 10% 的比例计提法定盈余公积，不计提任意盈余公积。

12. 未列明的其他会计事项，公司根据现行《小企业会计准则》的相关规定处理。

三、公司的组织架构

公司组织架构图如下：

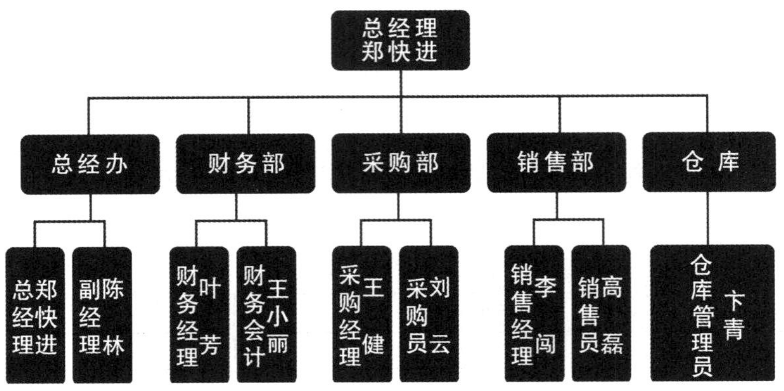

四、差旅费报销制度

差旅费报销制度如下：

职务	交通工具	住宿标准	伙食标准	招待费
一般员工	火车硬卧 动车、飞机	600 元 / 天	100 元 / 天	实报实销
部门负责人	火车硬卧 动车、飞机	800 元 / 天	150 元 / 天	实报实销
总经理助理	飞机	800 元 / 天	200 元 / 天	实报实销
总经理及以上	飞机	实报实销	实报实销	实报实销

五、实训任务

1. 认识企业及会计工作，包括：了解企业基本情况、适用税率、组织结构、内部会计制度、了解会计做账工作。

2. 建账，包括：熟悉建账流程，建立账簿文件，设置会计科目，登记期初金额。

3. 日常会计交易或事项处理，包括：将本书中的原始凭证剪下来，根据题干的内容，填写记账凭证。进行银行借款、存货采购及付款、固定资产购进及付款、一般销售及应收款项的核算等。

4. 期末会计事项的处理，包括：计提费用、计算费用、计算结转本月应交的各种税费、结转损益、计算利润和利润分配、期末进行试算平衡和对账与结账。

5. 结合在线财务软件，处理凭证录入、账簿查询等会计事项。

6. 会计报表的编制，包括：编制资产负债表、利润表。

7. 将原始凭证、记账凭证、会计账簿、报表等会计档案进行装订与提交保管。

模块三　模拟企业经济业务

一、2018 年 9 月商业企业筹建期业务说明

业务号	日期	摘要	单据编号（具体单据见本书 23~91 页）
1	2018-09-01	预付房租	1-1、1-2
2	2018-09-15	支付开办费	2-1、2-2
3	2018-09-18	注册资本款项入账	3-1、3-2、3-3、3-4
4	2018-09-18	支付网银开户、U 盾、空白支票费	4-1、4-2
5	2018-09-19	支付装修费	5-1-1、5-1-2、5-2、5-3
6	2018-09-19	提现	6-1
7	2018-09-20	购入办公桌椅	7-1-1、7-1-2、7-2、7-3、7-4
8	2018-09-20	购入货架	8-1-1、8-1-2、8-2、8-3、8-4
9	2018-09-21	支付员工招聘费	9-1-1、9-1-2、9-2、9-3
10	2018-09-21	购增值税防伪税控系统	10-1-1、10-1-2、10-2-1、10-2-2、10-3
11	2018-09-21	购入保险柜	11-1-1、11-1-2、11-2、11-3、11-4
12	2018-09-21	购入联想办公电脑整机	12-1-1、12-1-2、12-2、12-3、12-4
13	2018-09-21	购入奥克斯空调	13-1-1、13-1-2、13-2、13-3、13-4
14	2018-09-21	购办公用品	14-1-1、14-1-2、14-2
15	2018-09-22	购财务软件	15-1-1、15-1-2、15-2、15-3
16	2018-09-25	支付宽带费	16-1-1、16-1-2、16-2、16-3
17	2018-09-26	归还代垫款项	17-1、17-2
18	2018-09-28	计提本月工资	18-1
19	2018-9-28	分配社保公积金费用	19-1、19-2
20	2018-09-28	采购商品	20-1-1、20-1-2、20-2、20-3、20-4
21	2018-09-29	付电汇手续费	21-1
22	2018-09-30	计提本月摊销	22-1
23	2018-09-30	摊销房租	23-1
24	2018-09-30	结转本期损益（收入）	
25	2018-09-30	结转本期损益（费用支出）	

二、2018 年 10 月商业企业经营期业务说明

业务号	日期	摘要	单据编号（具体单据见本书 93~183 页）
1	2018-10-01	预付货款	1-1、1-2
2	2018-10-03	采购商品	2-1-1、2-1-2、2-2、2-3、2-4
3	2018-10-04	支付员工借款	3-1
4	2018-10-05	采购商品	4-1-1、4-1-2、4-2
5	2018-10-05	申请银行汇票	5-1、5-2
6	2018-10-06	赊销商品	6-1
7	2018-10-07	报销业务招待费	7-1、7-2
8	2018-10-08	采购商品	8-1-1、8-1-2、8-2、8-3、8-4
9	2018-10-09	报销员工生日蛋糕费	9-1、9-2
10	2018-10-10	发放 9 月工资	10-1、10-2、10-3
11	2018-10-13	缴纳 9 月社会保险费	11-1、11-2、11-3
12	2018-10-13	缴纳 9 月住房公积金	12-1、12-2
13	2018-10-14	缴纳个人所得税	13-1
14	2018-10-14	缴纳印花税	14-1、14-2
15	2018-10-15	支付水电费	15-1-1、15-1-2、15-2-1、15-2-2、15-3、15-4、15-5、15-6
16	2018-10-16	报销差旅费	16-1、16-2、16-3、16-4
17	2018-10-16	收回银行汇票多余款	17-1
18	2018-10-17	收货款	18-1、18-2
19	2018-10-17	借入 1 年期借款	19-1
20	2018-10-18	采购商品	20-1-1、20-1-2、20-2、20-3、20-4、20-5-1、20-5-2
21	2018-10-18	采购封箱胶带	21-1-1、21-1-2、21-2、21-3、21-4
22	2018-10-19	销售商品	22-1、22-2
23	2018-10-19	收到存款利息	23-1
24	2018-10-20	购入海康威视摄像头监控设备套装	24-1-1、24-1-2、24-2、24-3、24-4
25	2018-10-21	赊销商品	25-1
26	2018-10-22	领用封箱胶带	26-1
27	2018-10-23	购办公用品	27-1-1、27-1-2、27-2、27-3
28	2018-10-25	收货款	28-1
29	2018-10-25	赊销商品	29-1
30	2018-10-28	计提本月工资	30-1
31	2018-10-28	分配社保、公积金	31-1、31-2
32	2018-10-29	支付运费	32-1-1、32-1-2、32-2、32-3
33	2018-10-29	报销手机费	33-1、33-2
34	2018-10-30	付电汇手续费	34-1

业务号	日期	摘要	单据编号（具体单据见本书 93~183 页）
35	2018-10-31	计提折旧费用	35-1
36	2018-10-31	计提本月摊销	36-1
37	2018-10-31	摊销房租	37-1
38	2018-10-31	摊销装修费用	38-1
39	2018-10-31	转出未交增值税	39-1
40	2018-10-31	计提附加税	40-1
41	2018-10-31	结转产品成本	41-1
42	2018-10-31	计提所得税	42-1
43	2018-10-31	结转本期损益（收入）	
44	2018-10-31	结转本期损益（费用、支出）	

三、2018 年 9 月商业企业筹建期业务

【业务情景 1】预付房租

2018 年 9 月 1 日，郑快进个人以现金代公司支付 2018 年 9、10 月和 2018 年 11 月房租 18 000 元，收到京州恒云房产有限公司开具的收据，发票待公司营业执照等下来后开具，于 9 月 15 日，收到发票。

知识点解释：房租一般会季度、半年或者年度预付，通过“预付账款”科目核算。应付郑快进的代垫款项，通过“其他应付款”科目核算。其他应付款核算除了应付票据、应付账款、应付职工薪酬等，其他的应付或者暂收款项。

【业务情景 2】支付开办费

2018 年 9 月 15 日，收到京州市易道会计师事务所有限公司代本公司代办的各种印章、证件及开具的增值税普通发票，代办费用 1 000 元由郑快进以现金代公司支付。

知识点解释：开办费是指企业在达到经营期之前，即筹建期发生的费用，包括人员工资、办公费、培训费、差旅费等。筹建期发生的开办费不按照具体事项计入对应费用类科目，而是都计入“管理费用－开办费”科目。

【业务情景 3】注册资本款项入账

2018 年 9 月 18 日，公司收到股东郑快进投入注册资本 800 000 元，股东陈林投入注册资本 200 000 元，存入银行账户，取得银行进账通知单。

知识点解释：公司收到股东投入的资本计入“实收资本”。

【业务情景 4】支付网银开户、U 盾、空白支票费

2018 年 9 月 18 日，出纳去银行办理基本户网银，以银行存款支付 U 盾费用 450 元、开户费 240 元；购买空白现金支票 25 张，计 30 元；购买空白转账支票 25 张，计 30 元。银行直接划扣 750 元。

知识点解释：筹建期间发生的网银开户、U 盾、空白支票费，属于开办费性质，计入“管理费用－开办费”科目。

【业务情景 5】支付装修费

2018 年 9 月 19 日，支付前期公司装修费 22 000 元，取得增值税专用发票，转账支付。

知识点解释：公司装修的使用期限一般在一年以上，所以计入资产类别下的

“长期待摊费用”科目。一般按照直线法在使用期限内平均摊销。

【业务情景 6】提现

2018 年 9 月 19 日，出纳签发现金支票到银行提取备用金 10 000 元。

知识点解释：出纳提取现金之前，先要查询银行账户金额，防止开具空头支票。

【业务情景 7】购入办公桌椅

2018 年 9 月 20 日，采购部申请为总经理办公室购买办公桌椅一批，取得增值税专用发票，转账支付。

知识点解释：办公家具的单价相对较高，使用年限一般为一年以上，达到固定资产的确认标准，应当作为固定资产入账并建立卡片。

【业务情景 8】购入货架

2018 年 9 月 20 日，采购部申请购买货架一批，取得增值税专用发票，转账支付。

知识点解释：货架的单价相对较高，使用年限一般为一年以上，达到固定资产的确认标准，应当作为固定资产入账并建立卡片。

【业务情景 9】支付员工招聘费

2018 年 9 月 21 日，总经办申请员工招聘费用，取得增值税专用发票，转账支付。

知识点解释：筹建期间发生的员工招聘费，属于开办费性质，计入“管理费用－开办费”科目。

【业务情景 10】购增值税防伪税控系统

2018 年 9 月 21 日，财务部申请购买增值税防伪税控系统，取得增值税专用发票，现金支付。

知识点解释：按现行增值税制度规定，企业初次购买增值税税控系统专用设备支付的费用以及缴纳的技术维护费允许在增值税应纳税额中全额抵减的，按规定抵减的增值税应纳税额，借记“应交税费——应交增值税——减免税款”科目，贷记“营业外收入”等科目。

【业务情景 11】购入保险柜

2018 年 9 月 21 日，采购部申请购买保险柜一台，取得增值税专用发票，转账支付。

知识点解释：保险柜的单价相对较高，使用年限一般为一年以上，达到固定资产的确认标准，应当作为固定资产入账并建立卡片。

【业务情景 12】购入联想办公电脑整机

2018 年 9 月 21 日，采购部申请购买办公电脑及打印机一批，取得增值税专用发票，转账支付。

知识点解释：电脑与打印机价值相对较高，使用年限一般为一年以上，达到固定资产的确认标准，应当作为固定资产入账并建立卡片。

【业务情景 13】购入奥克斯空调

2018 年 9 月 21 日，采购部申请购买奥克斯中央空调并安装，取得增值税专用发票，签发转账支票支付。

知识点解释：空调的单价相对较高，使用年限一般为一年以上，达到固定资产的确认标准，应当作为固定资产入账并建立卡片。

【业务情景 14】购办公用品

2018 年 9 月 21 日，采购部申请购买办公用品，取得增值税专用发票，现金支付。

知识点解释：A4 纸属于办公用品，筹建期发生的购买 A4 纸，属于开办费性质，计入“管理费用－开办费”科目。

【业务情景 15】购财务软件

2018 年 9 月 22 日，财务部申请购买金蝶财务软件，预计使用 10 年，作为无形资产。取得增值税专用发票，转账支付。

知识点解释：无形资产指企业拥有或者控制的没有实物形态的可辨认非货币性资产。

一般来说，办公软件是相对独立的应用程序；数额较大，计入无形资产每期进行摊销；数额不大，直接计入当期损益。

【业务情景 16】支付宽带费

2018 年 9 月 25 日，总经办申请报销公司一年的宽带费，签发转账支票支付。

知识点解释：筹建期发生的宽带费，属于开办费性质，计入“管理费用－开办费”科目。

【业务情景 17】归还代垫款项

2018 年 9 月 26 日，公司归还郑快进垫付款项，转账支付。

知识点解释：应付郑快进的代垫款项，应该通过“其他应付款”科目核算。

其他应付款核算除了应付票据、应付账款、应付职工薪酬等其他的应付或者暂收款项。

【业务情景 18】计提本月工资

2018 年 9 月 28 日，计提本月工资。

知识点解释：工资一般由人事部门核算，通常在当月月底根据考勤、基本工资、加班、奖金等各种情况，核算出每个人的应发工资，根据应发工资计算出社保、公积金、个税，最后得到员工的实发金额。这样一张工资表最后会给财务，由财务来计提工资。

【业务情景 19】分配社保公积金费用

2018 年 9 月 28 日，计提本月的社保和住房公积金。

知识点解释：参考业务情景 18

【业务情景 20】采购商品

2018 年 9 月 28 日，采购部采购商品一批，取得增值税专用发票，商品已验收入库，转账支付。

知识点解释：企业为了生产和销售，会购进材料或者商品，商贸企业一般购进成品直接销售，购进时通过“库存商品”核算。

【业务情景 21】付电汇手续费

2018 年 9 月 29 日，公司收到交通银行付款通知书，支付电汇手续费 32 元，银行直接划扣。

知识点解释：筹建期发生的银行转账手续费，属于开办费性质，计入“管理费用－开办费”科目。

【业务情景 22】计提本月摊销

2018 年 9 月 30 日，摊销无形资产。

知识点解释：使用寿命确定的无形资产在使用寿命内摊销；当月增加的无形资产当月摊销，当月减少的无形资产当月不摊销。

【业务情景 23】摊销房租

2018 年 9 月 30 日，摊销房租。

知识点解释： 房租需要每月进行摊销，每月做一份房租摊销表，作为原始凭证，附在记账凭证后面。

【业务情景 24】结转本期损益（收入）

2018 年 9 月 30 日，公司损益类（收入）账户结转。

知识点解释： 结转损益是指在每月期末，将损益类科目的余额，全部结转到“本年利润”中，通过“本年利润”科目结出本月份的利润总额或者亏损总额。

将所有收入类科目余额转入“本年利润”时，贷记“本年利润”，借记收入类科目。

【业务情景 25】结转本期损益（费用支出）

2018 年 9 月 30 日，公司损益类（费用支出）账户结转。

知识点解释： 结转损益是指在每月期末，将损益类科目的余额，全部结转到“本年利润”中，通过“本年利润”科目结出本月份的利润总额或者亏损总额。

将所有成本支出类科目余额转入“本年利润”时，借记“本年利润”，贷记成本支出类科目。

四、2018 年 10 月商业企业经营期业务

【业务情景 1】预付货款

2018 年 10 月 1 日，公司向浙江玉珠电器集团有限公司预付购货款 50 000 元，转账支付。

知识点解释： 公司已预先向供应商支付货款，但是对方尚未发货，计入“预付账款”进行核算。

【业务情景 2】采购商品

2018 年 10 月 3 日，向浙江玉珠电器集团有限公司采购商品一批，取得增值税专用发票，商品已验收入库，补付货款。

知识点解释： 企业为了生产和销售，会购进材料或者商品，商贸企业一般购进成品直接销售，购进时通过“库存商品”核算。

【业务情景 3】支付员工借款

2018 年 10 月 4 日，销售部员工高磊计划出差，预借差旅费 3 000 元。

知识点解释：员工的借款一般通过“其他应收款”科目核算。其他应收款科目主要核算公司除销售业务以外的其他应收款项；比如公司内部出差暂支款，或者暂时性的零星采购借款等等。

【业务情景 4】采购商品

2018 年 10 月 5 日，赊购商品一批取得增值税专用发票，商品已验收入库。

知识点解释：企业为了生产和销售，会购进材料或者商品，商贸企业一般购进成品直接销售，购进时通过“库存商品”核算。尚未支付的款项通过“应付账款”科目核算。

【业务情景 5】申请银行汇票

2018 年 10 月 5 日，向银行申请办理银行汇票，用以支付采购商品款。

知识点解释：企业除库存现金、银行存款以外的各种货币资金，主要包括银行汇票、保证金等，通过“其他货币资金”科目核算。

【业务情景 6】赊销商品

2018 年 10 月 6 日，赊销商品一批，开具增值税专用发票，货物已办理出库手续。

知识点解释：销售的交流接触器属于单位的主营业务产品，因此产生的收入计入“主营业务收入”。

应收账款科目主要核算公司因为销售商品、提供劳务等销售类业务，应收而未收到的款项。

【业务情景 7】报销业务招待费

2018 年 10 月 7 日，销售部员工报销业务招待费。

知识点解释：企业实际发生的业务招待费的 60% 在不超过当年收入的 5‰的部分允许在税前扣除，也就是取这两个标准中较小者在税前扣除，超过部分调增应纳税所得额。

【业务情景 8】采购商品

2018 年 10 月 8 日，采购部用银行汇票采购商品一批，取得增值税专用发票，商品已验收入库。

知识点解释：企业为了生产和销售，会购进材料或者商品，商贸企业一般购进成品直接销售，购进时通过“库存商品”核算。

【业务情景 9】报销员工生日蛋糕费

2018 年 10 月 9 日，总经办报销当月员工生日蛋糕费用，现金支付。

知识点解释：公司发生的员工福利性支出，一般通过“管理费用－福利费”核算。

【业务情景 10】发放 9 月工资

2018 年 10 月 10 日，通过网银发放 9 月工资，代扣员工应承担的社保、公积金、个税。

知识点解释：工资一般由人事部门核算，通常在当月月底根据考勤、基本工资、加班、奖金等各种情况，核算出每个人的应发工资，根据应发工资计算出社保、公积金、个税，最后得到员工的实发金额。一般在次月月初进行发放实发金额。

【业务情景 11】缴纳 9 月社会保险费

2018 年 10 月 13 日，缴纳 9 月社会保险费。

知识点解释：社保分为单位缴纳部分与个人缴纳部分，单位缴纳部分冲减“应付职工薪酬”，个人缴纳部分冲减“其他应付款”。

【业务情景 12】缴纳 9 月住房公积金

2018 年 10 月 13 日，缴纳 9 月住房公积金。

知识点解释：住房公积金分为单位缴纳部分与个人缴纳部分，单位缴纳部分冲减“应付职工薪酬”，个人缴纳部分冲减“其他应付款”。

【业务情景 13】缴纳个人所得税

2018 年 10 月 14 日，通过银企税系统缴纳个人所得税。

知识点解释：“金税三期”后，个人所得税通过专门的客户端进行录入、填写和申报。缴纳个人所得税时通过“应交税费－应交个人所得税”核算。

【业务情景 14】缴纳印花税

2018 年 10 月 14 日，通过银企税系统缴纳印花税。

知识点解释：“税金及附加”核算企业经营活动发生的消费税、城市维护建设税、资源税、教育费附加及房产税、土地使用税、车船税、印花税等。

【业务情景 15】支付水电费

2018 年 10 月 15 日，总经办申请支付水电费，分别取得水、电费增值税专用发票，转账支付。

知识点解释：公司发生的水电费，一般根据部门分摊，计入对应的费用科目；如果其他部门金额比较少，也可以全部直接计入“管理费用”。

【业务情景 16】报销差旅费

2018 年 10 月 16 日，销售部员工高磊出差回来报销差旅费，现金归还多余借款。

知识点解释：公司员工发生的与其经营活动有关的合理的差旅费，需要提供证明其真实性的合法凭证，包括：出差人员姓名、地点、时间、任务、支付凭证等。如果出现逻辑关系混乱，真实性不能保证的车票或者支付凭证，不能作为差旅费在税前扣除。

【业务情景 17】收回银行汇票多余款

2018 年 10 月 16 日，收到银行汇票多余款收账通知，多余款已退回入账。

知识点解释：企业除库存现金、银行存款以外的各种货币资金，主要包括银行汇票、保证金等；通过“其他货币资金”科目核算。

【业务情景 18】收货款

2018 年 10 月 17 日，收回京州汇东机械设备有限公司应收账款，收款方式（银行承兑汇票 100 000 元，转账 25 655.95 元）。

知识点解释：收回客户前欠货款，冲减“应收账款”。

【业务情景 19】借入 1 年期借款

2018 年 10 月 17 日，借入 1 年期短期借款。

知识点解释：向银行或其他金融机构等借入的期限在 1 年以下（含 1 年）的各种借款计入“短期借款”。

【业务情景 20】采购商品

2018 年 10 月 18 日，采购部采购商品一批，取得增值税专用发票，商品已验收入库，背书转让银行承兑汇票，余款电汇支付。

知识点解释：企业为了生产和销售，会购进材料或者商品，商贸企业一般购进成品直接销售，购进时通过“库存商品”核算。

【业务情景 21】采购封箱胶带

2018 年 10 月 18 日，仓库采购封箱胶带一批，取得增值税专用发票，已验收入库，签发转账支票支付。

知识点解释：封箱胶带是单位价值相对较低、容易消耗的物品，通过“周转材料－低值易耗品”科目核算。

【业务情景 22】销售商品

2018 年 10 月 19 日，销售商品一批，开具增值税专用发票，电汇货款已到账。

知识点解释：销售的调压器属于单位的主营业务产品，因此产生的收入计入“主营业务收入”。

【业务情景 23】收到存款利息

2018 年 10 月 19 日，收到银行存款利息收入。

知识点解释：收到银行的利息收入，冲减“财务费用”。

【业务情景 24】购入海康威视摄像头监控设备套装

2018 年 10 月 20 日，购入监控设备一套，取得增值税专用发票，转账支付。

知识点解释：监控设备的单价相对较高，使用年限一般为一年以上，达到固定资产的确认标准，应当作为固定资产入账并建立卡片。

【业务情景 25】赊销商品

2018 年 10 月 21 日，销售商品一批，开具增值税专用发票，货物已办理出库手续。

知识点解释：销售的交流接触器属于单位的主营业务产品，因此产生的收入计入“主营业务收入”。

应收账款科目主要核算公司因为销售商品、提供劳务等销售类业务，应收而未收到的款项。

【业务情景 26】领用封箱胶带

2018 年 10 月 22 日，仓库领用封箱胶带。

知识点解释：商业企业日常领用的低值易耗品，计入“管理费用－低值易耗品摊销”科目。

【业务情景 27】购办公用品

2018 年 10 月 23 日，采购部购入办公用品一批，取得增值税专用发票，签发转账支票支付。

知识点解释：公司采购办公用品，一般直接计入“管理费用”。

【业务情景 28】收货款

2018 年 10 月 25 日，收到本月 21 日销售商品货款。

知识点解释：收到销售商品货款，冲减“应收账款”。

【业务情景 29】赊销商品

2018 年 10 月 25 日，销售商品一批，开具增值税专用发票，货物已办理出库手续。

知识点解释：销售的交流接触器属于单位的主营业务产品，因此产生的收入计入“主营业务收入”。

应收账款科目主要核算公司因为销售商品、提供劳务等销售类业务，应收而未收到的款项。

【业务情景 30】计提本月工资

2018 年 10 月 28 日，计提本月全体员工工资，个人所得税税率见表。

知识点解释：工资一般由人事部门核算，通常在当月月底根据考勤、基本工资、加班、奖金等各种情况，核算出每个人的应发工资，根据应发工资计算出社保、公积金、个税，最后得到员工的实发金额。这样一张工资表最后会给财务，由财务来计提工资。

本案例中，除销售部的薪资计入销售费用，其他部门都计入管理费用。

【业务情景 31】分配社保、公积金

2018 年 10 月 28 日，计提本月全体员工社保、住房公积金。

知识点解释：参考业务情景 30。

【业务情景 32】支付运费

2018 年 10 月 29 日，销售部申请支付运费款，取得增值税专用发票，转账支付。

知识点解释：运费的发生根据不同的部门或者不同业务，可以计入不同的费用。销售部申请支付运费，说明是为了销售商品而发生的，因此发生时计入“销售费用”。

【业务情景 33】报销手机费

2018 年 10 月 29 日，报销销售部员工手机费，现金支付。

知识点解释：手机费的发生根据不同的部门可以计入不同的费用，销售部员工的报销计入“销售费用”。

【业务情景 34】付电汇手续费

2018 年 10 月 30 日，支付转账手续费 56 元，收到交通银行付款通知书，银行直接划扣。

知识点解释：银行转账发生的手续费，计入“财务费用”科目进行核算。

【业务情景 35】计提折旧费用

2018 年 10 月 31 日，计提固定资产折旧。

知识点解释：企业每期的固定资产都需要按规定进行折旧，当月新增的固定资产当月不计提折旧，当月处置的固定资产，当月计提折旧。

【业务情景 36】计提本月摊销

2018 年 10 月 31 日，计提无形资产摊销。

知识点解释：使用寿命确定的无形资产在使用寿命内摊销；当月增加的无形资产当月摊销，当月减少的无形资产当月不摊销。

【业务情景 37】摊销房租

2018 年 10 月 31 日，摊销房租。

知识点解释：房租需要每月进行摊销，每月做一份房租摊销表，作为原始凭证，附在记账凭证后面。

【业务情景 38】摊销装修费用

2018 年 10 月 31 日，摊销装修费用。

知识点解释：“长期待摊费用”科目下的房屋装修，一般按照直线法在使用期限内平均摊销。每月做一份装修费用摊销表，作为原始凭证，附在记账凭证后面。

【业务情景 39】转出未交增值税

2018 年 10 月 31 日，计算并结转本月未交增值税。

知识点解释：期末根据增值税的明细，销项、进项、进项转出等等，计算应缴纳的增值税税额，并转到“应交增值税 – 未交增值税”科目。

【业务情景 40】计提附加税

2018 年 10 月 31 日，计提本月城市维护建设税与教育费附加。

知识点解释：“税金及附加”核算企业经营活动发生的消费税、城市维护建设税、资源税、教育费附加及房产税、土地使用税、车船税、印花税等相关税费。

【业务情景 41】结转产品成本

2018 年 10 月 31 日，计算并结转本月产品成本。

知识点解释：根据商品购入时的数量、金额、实际成本单价，确定发出的加权平均单价，最终确定各商品的发出成本。

【业务情景 42】计提所得税

2018 年 10 月 31 日，计提第四季度所得税。

知识点解释：企业所得税按季度进行预缴，若无税收优惠，税率为 25%。

【业务情景 43】结转本期损益（收入）

2018 年 10 月 31 日，损益类（收入）账户结转。

知识点解释：参考 9 月份的业务情景 24。

【业务情景 44】结转本期损益（费用、支出）

2018 年 10 月 31 日，损益类（费用支出）账户结转。

知识点解释：参考 9 月份的业务情景 25。

五、2018年9月商业企业筹建期业务票据

教学专用

1-1

收　据

No. 4436521

2018 年 09 月 01 日

今收到 京州市新大风机电设备有限公司（郑快进）

交来：房屋租金（2018年09月至2018年11月）

人民币（大写） ⊗佰 ⊗拾 壹万 捌仟 零佰 零拾 零元 零角 零分

收款单位（公章） 京州恒云房产有限公司 财务专用章 29211…2081***

¥ 18000.00

□转账 ☑现金 □支票 □其他

财务主管　记账　出纳 刘云　审核　经办

①存根（白）②收据（黄）

教学专用

1-2

汉东增值税普通发票

3200183320

№ 00971825 3200183320 00971825

校验码 63366 30696 39935 62106

开票日期：2018年09月15日

购买方	名称：京州市新大风机电设备有限公司 纳税人识别号：91320214313780942L 地址、电话：京州市新区五洲国际工业博览城C区501 086-28946083 开户行及账号：交通银行京州新区支行 8706513894612354	密码区	03<>+0>>>>6<531806/82349292 8/*804195-4+<169*5-0<068*</ -2*86**3<<7>/320/21<0</*23* 905666624<1-+-4+**56164-753

货物或应税劳务、服务名称	规格型号	单位	数量	单价	金额	税率	税额
*经营租赁*房租			1	16363.64	16363.64	10%	1636.36
合计					¥16363.64		¥1636.36
价税合计（大写）	⊗壹万捌仟圆整				（小写）¥18000.00		

销售方	名称：京州恒云房产有限公司 纳税人识别号：91320214662373725A 地址、电话：京州新区长江路19号 086-85213377 开户行及账号：中国建设银行京州新区支行 32001677335059234567	备注	京州恒云房产有限公司 91320214662373725A 发票专用章

收款人：梁颖　复核：陈明　开票人：谭燕　销售方：（章）

税总函[2018]520号汉东造币有限公司

第二联：发票联 购买方记账凭证

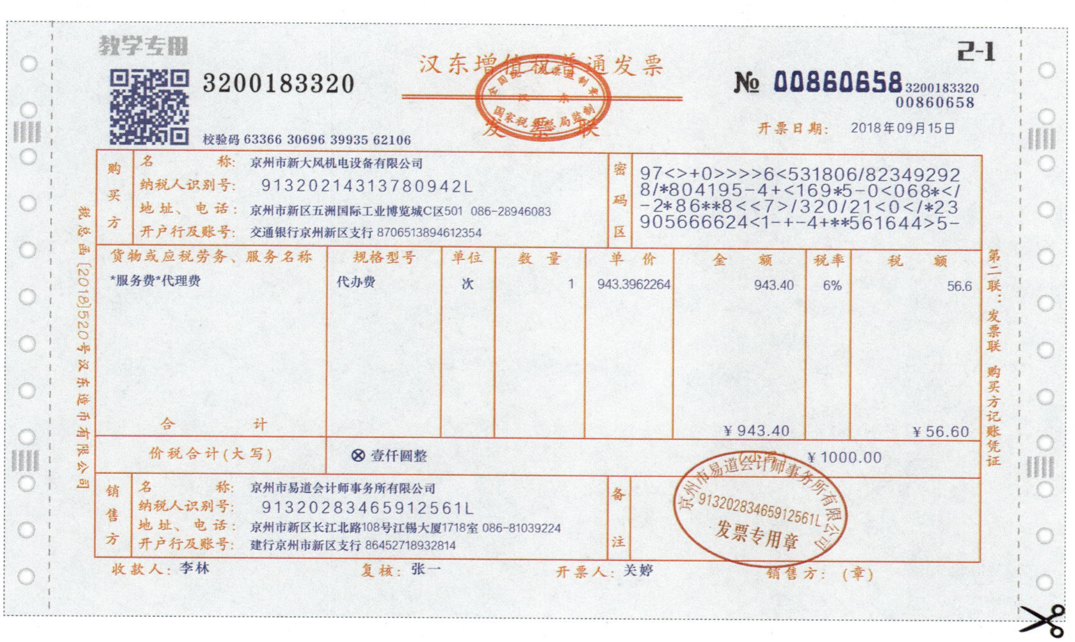

教学专用

2-1

汉东增值税普通发票

3200183320

№ 00860658　3200183320　00860658

发票联

校验码 63366 30696 39935 62106

开票日期：2018年09月15日

购买方	
名称	京州市新大风机电设备有限公司
纳税人识别号	91320214313780942L
地址、电话	京州市新区五洲国际工业博览城C区501 086-28946083
开户行及账号	交通银行京州新区支行 8706513894612354

密码区：
97<>+0>>>>6<531806/82349292
8/*804195-4+<169*5-0<068*</
-2*86**8<<7>/320/21<0</*23
905666624<1-+-4+**561644>5-

货物或应税劳务、服务名称	规格型号	单位	数量	单价	金额	税率	税额
*服务费*代理费	代办费	次	1	943.3962264	943.40	6%	56.6
合计					¥943.40		¥56.60
价税合计（大写）	⊗壹仟圆整				（小写）¥1000.00		

销售方	
名称	京州市易道会计师事务所有限公司
纳税人识别号	91320283465912561L
地址、电话	京州市新区长江北路108号江锡大厦1718室 086-81039224
开户行及账号	建行京州市新区支行 86452718932814

备注

收款人：李林　复核：张一　开票人：关婷　销售方：（章）

税总函［2018］520号汉东造币有限公司

第二联：发票联　购买方记账凭证

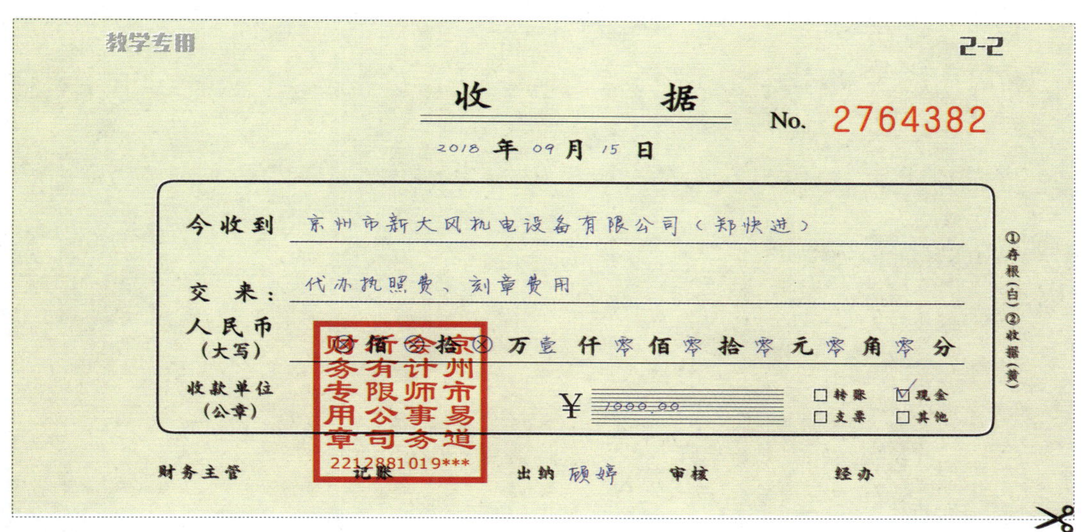

教学专用

2-2

收　据

No. 2764382

2018 年 09 月 15 日

今收到：京州市新大风机电设备有限公司（郑快进）

交来：代办执照费、刻章费用

人民币（大写）：佰 拾 万 壹 仟 零 佰 零 拾 零 元 零 角 零 分

收款单位（公章）

¥ 1000.00

□转账　☑现金　□支票　□其他

财务主管　记账　出纳 硕婷　审核　经办

①存根（白）②收据（黄）

教学专用

3-1

收　　据

No. 4044401

2018 年 09月 18 日

今收到　郑快进

交　来：投资款

人民币（大写）　⊗佰 捌 拾 零 万 零 仟 零 佰 零 拾 零 元 零 角 零 分

收款单位（公章）　京州市新大风机电设备有限公司财务专用章 3202130051***

¥ 800000.00

☑转账　☐现金　☐支票　☐其他

①存根（白）②收据（黄）

财务主管 叶芳　记账　出纳 王小丽　审核　经办

教学专用

3-2

收　　据

No. 4044402

2018 年 09月 18 日

今收到　陈林

交　来：投资款

人民币（大写）　⊗佰 贰 拾 零 万 零 仟 零 佰 零 拾 零 元 零 角 零 分

收款单位（公章）　京州市新大风机电设备有限公司财务专用章 3202130051***

¥ 200000.00

☑转账　☐现金　☐支票　☐其他

①存根（白）②收据（黄）

财务主管 叶芳　记账　出纳 王小丽　审核　经办

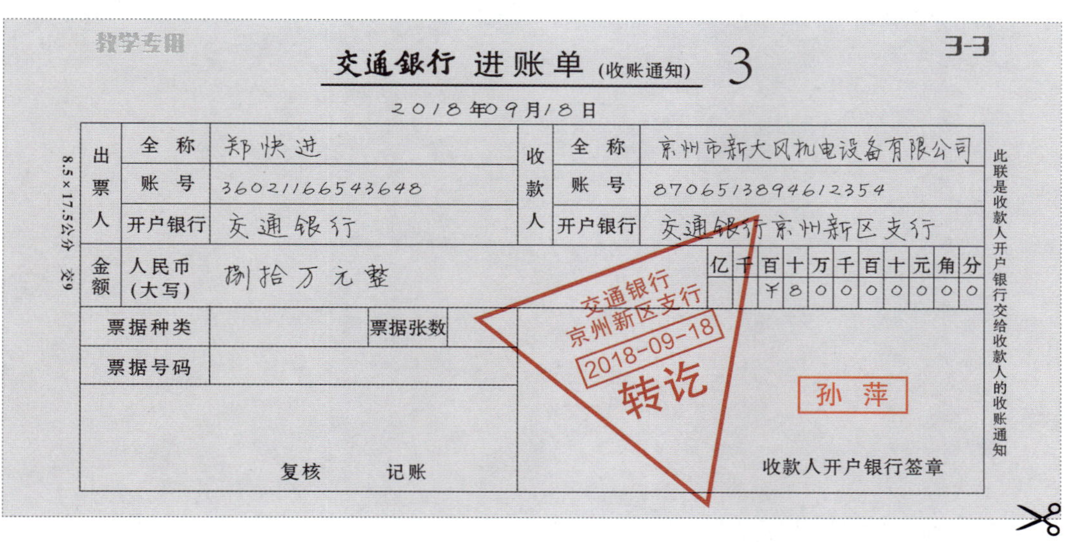

教学专用

3-3

交通银行 进账单 (收账通知) 3

2018年09月18日

出票人	全　称	郑快进	收款人	全　称	京州市新大风机电设备有限公司
	账　号	36021166543648		账　号	8706513894612354
	开户银行	交通银行		开户银行	交通银行京州新区支行

金额	人民币(大写)	亿	千	百	十	万	千	百	十	元	角	分
	捌拾万元整			¥	8	0	0	0	0	0	0	0

票据种类		票据张数	
票据号码			

复核　　记账

交通银行 京州新区支行 2018-09-18 转讫

孙萍

收款人开户银行签章

8.5×17.5公分 交9

此联是收款人开户银行交给收款人的收账通知

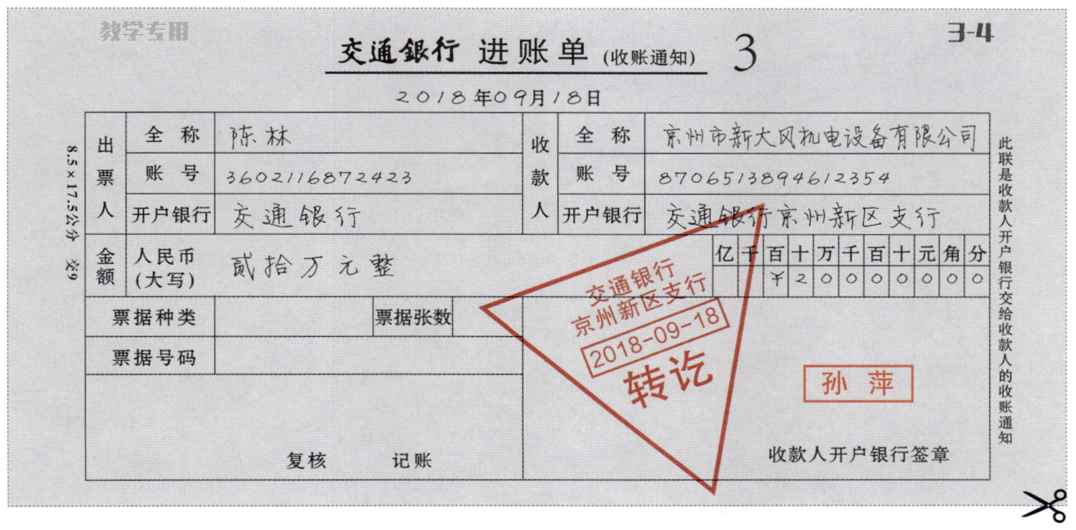

教学专用

3-4

交通银行 进账单 (收账通知) 3

2018年09月18日

出票人	全　称	陈林	收款人	全　称	京州市新大风机电设备有限公司
	账　号	3602116872423		账　号	8706513894612354
	开户银行	交通银行		开户银行	交通银行京州新区支行

金额	人民币(大写)	亿	千	百	十	万	千	百	十	元	角	分
	贰拾万元整			¥	2	0	0	0	0	0	0	0

票据种类		票据张数	
票据号码			

复核　　记账

交通银行 京州新区支行 2018-09-18 转讫

孙萍

收款人开户银行签章

8.5×17.5公分 交9

此联是收款人开户银行交给收款人的收账通知

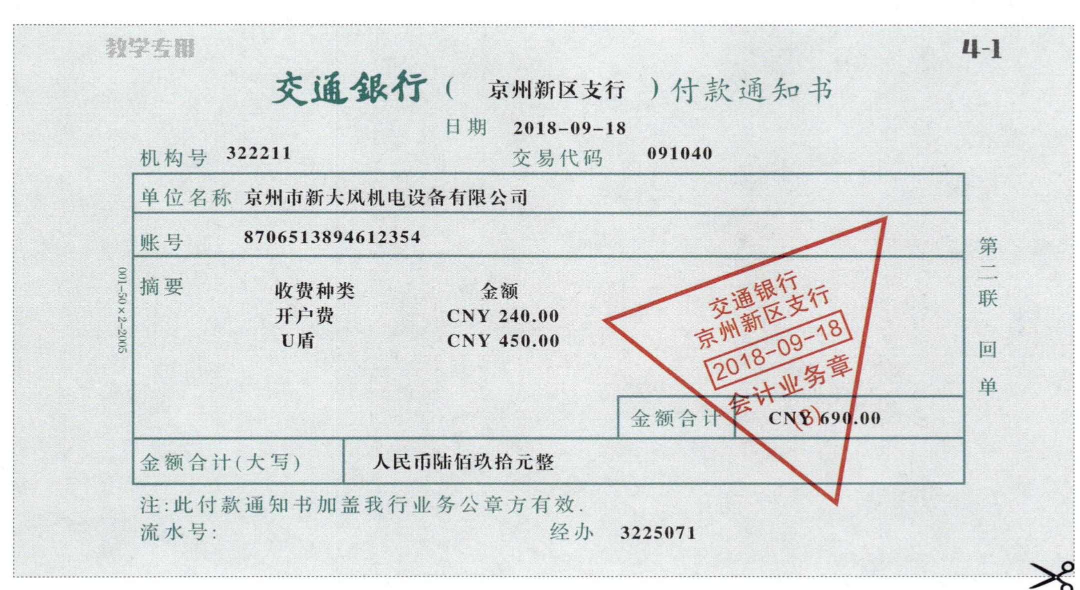

教学专用　　4-1

交通银行（ 京州新区支行 ）付款通知书

日期　2018-09-18

机构号　322211　　　　交易代码　091040

单位名称	京州市新大风机电设备有限公司		
账号	8706513894612354		
摘要	收费种类　开户费　U盾	金额　CNY 240.00　CNY 450.00	
		金额合计	CNY 690.00
金额合计（大写）	人民币陆佰玖拾元整		

第二联　回单

001-50×2-2005

注：此付款通知书加盖我行业务公章方有效.

流水号：　　　　经办　3225071

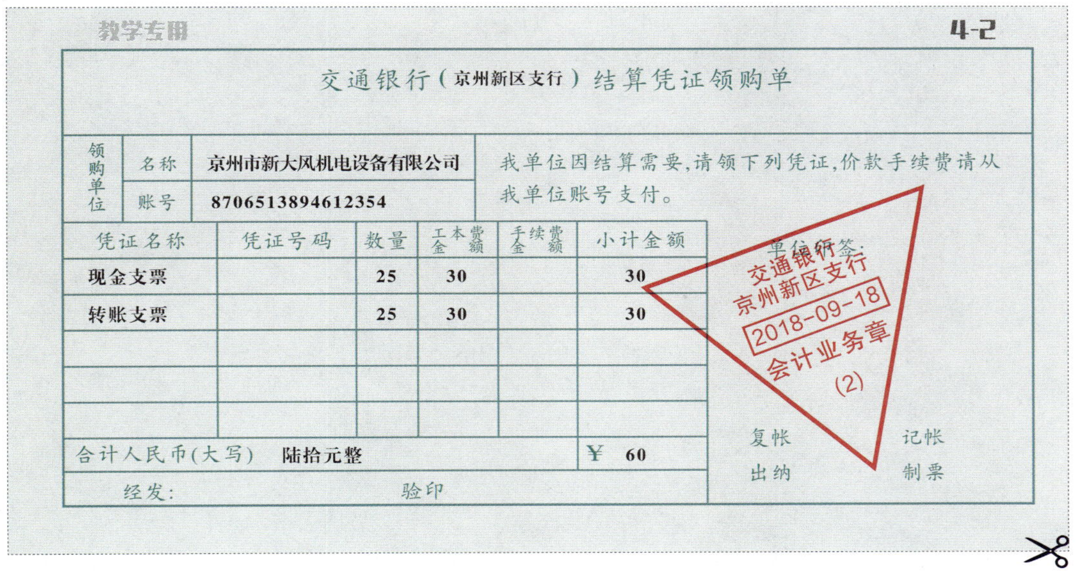

教学专用　　4-2

交通银行（京州新区支行）结算凭证领购单

领购单位	名称	京州市新大风机电设备有限公司	我单位因结算需要，请领下列凭证，价款手续费请从我单位账号支付。
	账号	8706513894612354	

凭证名称	凭证号码	数量	工本费金额	手续费金额	小计金额
现金支票		25	30		30
转账支票		25	30		30
合计人民币（大写）	陆拾元整				￥ 60
经发：		验印			

单位行签：

复帐　　记帐

出纳　　制票

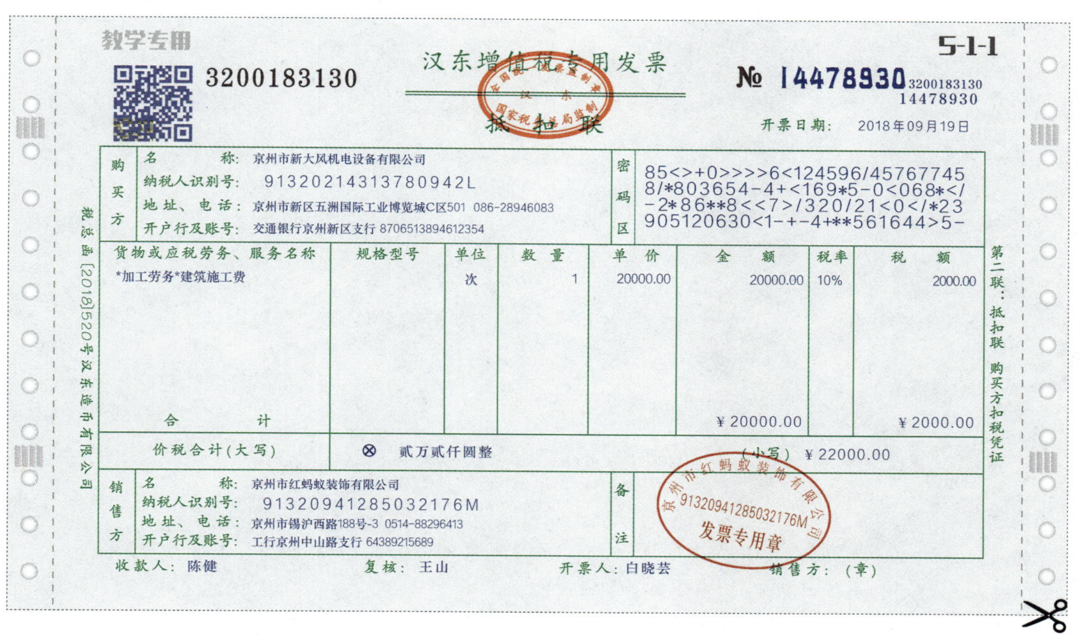

教学专用

5-1-1

汉东增值税专用发票

3200183130

抵扣联

№ 14478930 3200183130 14478930

开票日期： 2018年09月19日

购买方	
名称：	京州市新大风机电设备有限公司
纳税人识别号：	91320214313780942L
地址、电话：	京州市新区五洲国际工业博览城C区501 086-28946083
开户行及账号：	交通银行京州新区支行 8706513894612354

密码区：85<>+0>>>>6<124596/45767745 8/*803654-4+<169*5-0<068*</ -2*86**8<<7>/320/21<0</*23 905120630<1-+-4+**561644>5-

货物或应税劳务、服务名称	规格型号	单位	数量	单价	金额	税率	税额
*加工劳务*建筑施工费		次	1	20000.00	20000.00	10%	2000.00
合计					¥20000.00		¥2000.00
价税合计（大写）	⊗ 贰万贰仟圆整				（小写）¥22000.00		

销售方	
名称：	京州市红蚂蚁装饰有限公司
纳税人识别号：	91320941285032176M
地址、电话：	京州市锡沪西路188号-3 0514-88296413
开户行及账号：	工行京州中山路支行 64389215689

备注

收款人：陈健　复核：王山　开票人：白晓芸　销售方：（章）

第二联：抵扣联 购买方扣税凭证

税总函[2018]520号汉东造币有限公司

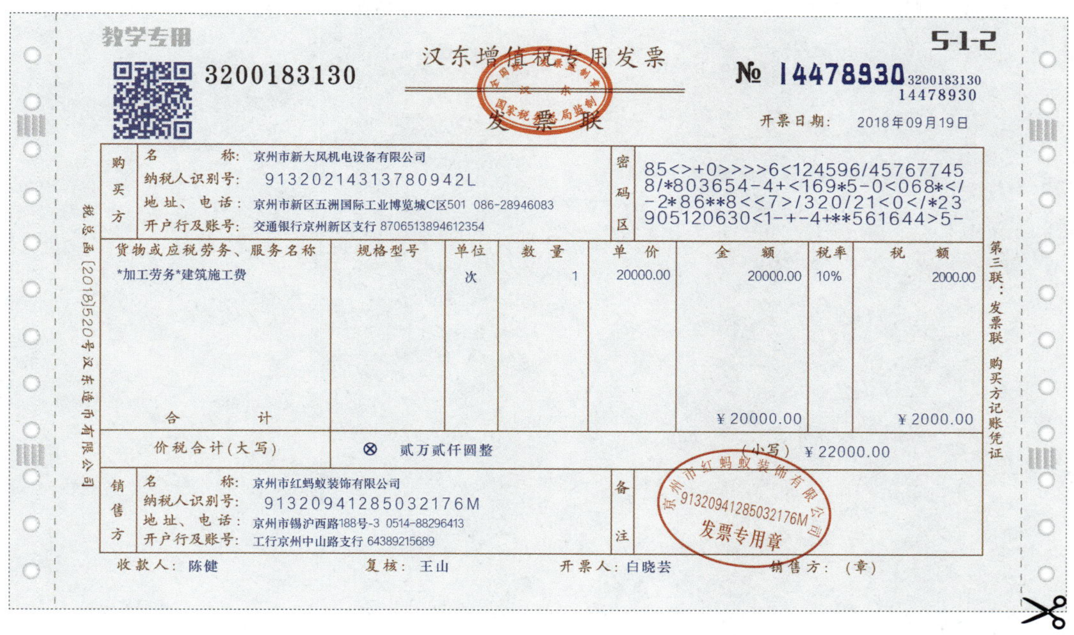

教学专用

5-1-2

汉东增值税专用发票

3200183130

发票联

№ 14478930 3200183130 14478930

开票日期： 2018年09月19日

购买方	
名称：	京州市新大风机电设备有限公司
纳税人识别号：	91320214313780942L
地址、电话：	京州市新区五洲国际工业博览城C区501 086-28946083
开户行及账号：	交通银行京州新区支行 8706513894612354

密码区：85<>+0>>>>6<124596/45767745 8/*803654-4+<169*5-0<068*</ -2*86**8<<7>/320/21<0</*23 905120630<1-+-4+**561644>5-

货物或应税劳务、服务名称	规格型号	单位	数量	单价	金额	税率	税额
*加工劳务*建筑施工费		次	1	20000.00	20000.00	10%	2000.00
合计					¥20000.00		¥2000.00
价税合计（大写）	⊗ 贰万贰仟圆整				（小写）¥22000.00		

销售方	
名称：	京州市红蚂蚁装饰有限公司
纳税人识别号：	91320941285032176M
地址、电话：	京州市锡沪西路188号-3 0514-88296413
开户行及账号：	工行京州中山路支行 64389215689

备注

收款人：陈健　复核：王山　开票人：白晓芸　销售方：（章）

第三联：发票联 购买方记账凭证

税总函[2018]520号汉东造币有限公司

教学专用

5-2

付款申请单

申请部门：采购部　　2018 年 09 月 19 日　　编　号：000001

收款单位	京州市红蚂蚁装饰有限公司		付款原因
银行账号	64389215689		
开户行	工行京州中山路支行		装修费
金　额	⊗佰⊗拾贰万贰仟零佰零拾零元零角零分		
用款方式	电汇	￥22000.00	

单位领导	财务主管	部门主管	经办人
郑快进	叶芳	王健	刘云

金蝶统一会计凭证账簿系列（SX004）金蝶勤想互联公司承印

教学专用

5-3

交通银行 BANK OF COMMUNICATIONS

交通银行电子回单

回单编号	713955058717	回单类型	支付结算	业务名称	支付汇兑
凭证种类		凭证号码		借贷标志	借方
账号	8706513894612354		主账号		
户名	京州市新大风机电设备有限公司				交通银行 业务受理章
开户行名称	交通银行京州新区支行				
对方账号	64389215689				
对方户名	京州市红蚂蚁装饰有限公司				
对方开户行名称	工行京州中山路支行				
币种	CNY	金额	22,000.00	金额大写	贰万贰仟元整
兑换信息	--	币种		金额	0.00
牌价	0.00000000	币种		金额	0.00
摘要	装修费				
附加信息					
打印次数	1	记账日期	2018-09-19	会计流水号	EEP0000004119386

6-1

交通银行
现金支票存根
30203710
00183551

上海证券印制有限公司·2018印制

附加信息

出票日期 2018 年 09 月 19 日

收款人：京州市新大风机电设备有限公司
金　额：¥10,000.00
用　途：备用金

单位主管 叶芳　　会计 王小丽

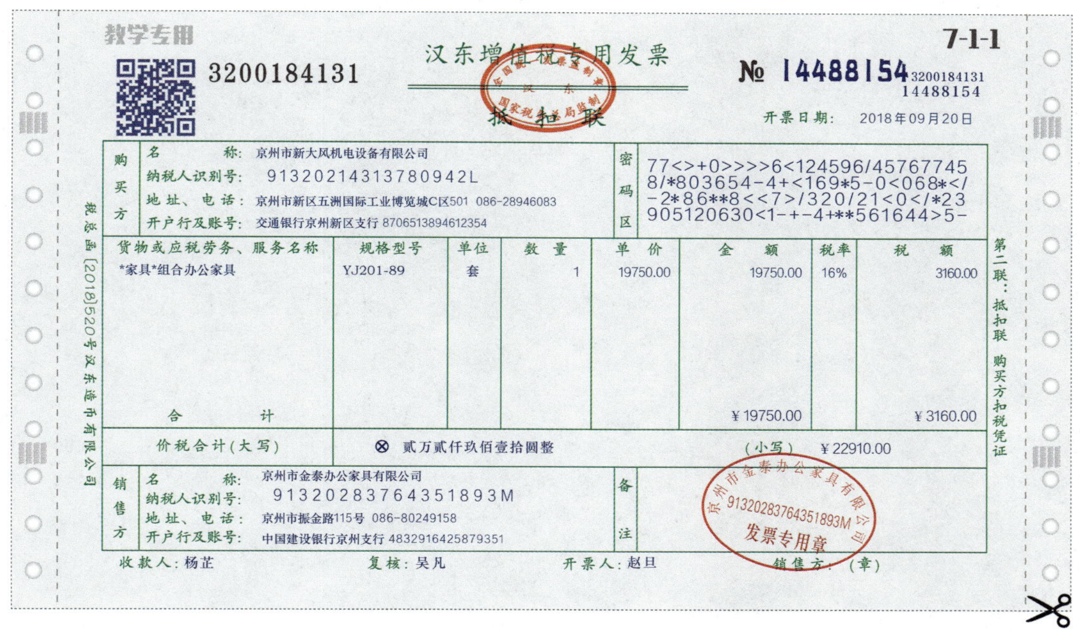

7-1-1

3200184131

汉东增值税专用发票

抵扣联

№ 14488154 3200184131 14488154

开票日期：2018年09月20日

购买方	名称：京州市新大风机电设备有限公司 纳税人识别号：91320214313780942L 地址、电话：京州市新区五洲国际工业博览城C区501 086-28946083 开户行及账号：交通银行京州新区支行 8706513894612354	密码区	77<>+0>>>>6<124596/45767745 8/*803654-4+<169*5-0<068*</ -2*86**8<<7>/320/21<0</*23 905120630<1-+-4+**561644>5-

货物或应税劳务、服务名称	规格型号	单位	数量	单价	金额	税率	税额
*家具*组合办公家具	YJ201-89	套	1	19750.00	19750.00	16%	3160.00
合　计					¥19750.00		¥3160.00
价税合计（大写）	⊗ 贰万贰仟玖佰壹拾圆整				（小写）¥22910.00		

销售方	名称：京州市金泰办公家具有限公司 纳税人识别号：91320283764351893M 地址、电话：京州市振金路115号 086-80249158 开户行及账号：中国建设银行京州支行 4832916425879351	备注	

收款人：杨芷　　复核：吴凡　　开票人：赵旦　　销售方：（章）

税总函[2018]520号汉东造币有限公司

第二联：抵扣联 购买方扣税凭证

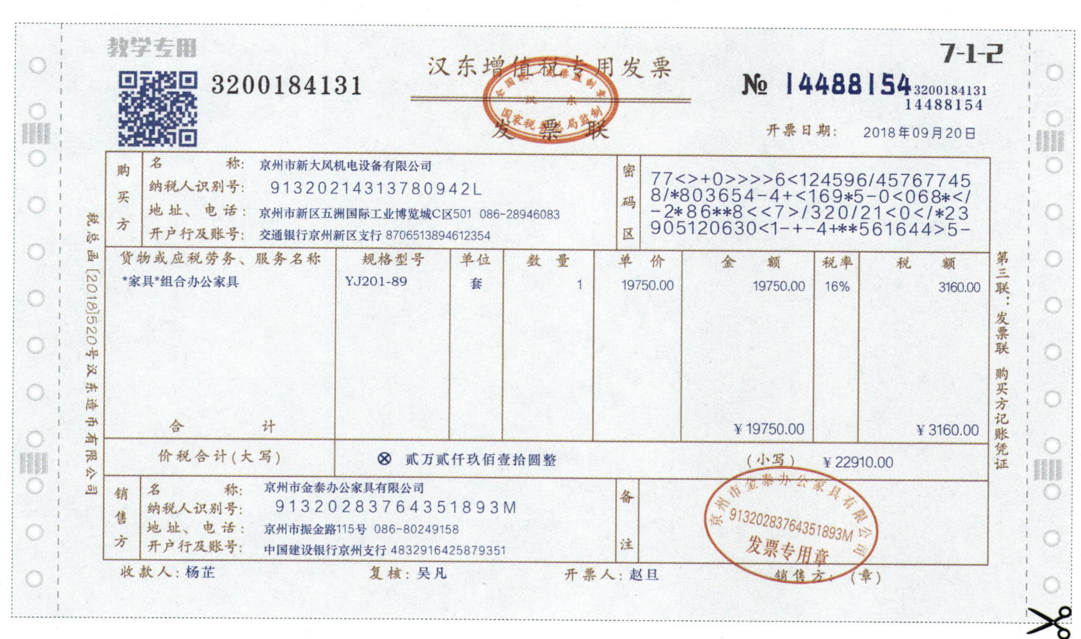

教学专用

7-1-2

3200184131

汉东增值税专用发票

发 票 联

№ 14488154 3200184131 14488154

开票日期： 2018年09月20日

购买方
名　　称：京州市新大风机电设备有限公司
纳税人识别号：91320214313780942L
地址、电话：京州市新区五洲国际工业博览城C区501 086-28946083
开户行及账号：交通银行京州新区支行 8706513894612354

密码区
77<>+0>>>>6<124596/45767745
8/*803654-4+<169*5-0<068*</
-2*86**8<<7>/320/21<0</*23
905120630<1-+-4+**561644>5-

货物或应税劳务、服务名称	规格型号	单位	数量	单价	金额	税率	税额
*家具*组合办公家具	YJ201-89	套	1	19750.00	19750.00	16%	3160.00
合　计					￥19750.00		￥3160.00
价税合计（大写）	⊗ 贰万贰仟玖佰壹拾圆整				（小写）￥22910.00		

销售方
名　　称：京州市金泰办公家具有限公司
纳税人识别号：91320283764351893M
地址、电话：京州市振金路115号 086-80249158
开户行及账号：中国建设银行京州支行 4832916425879351

备注：京州市金泰办公家具有限公司 91320283764351893M 发票专用章

收款人：杨芷　　复核：吴凡　　开票人：赵旦　　销售方：（章）

税总函[2018]520号汉东造币有限公司

第三联：发票联　购买方记账凭证

教学专用

固定资产验收单

2018年09月20日

7-2

代码	固定资产名称	型号规格	类别	签收数量	单位	金额（元）	使用部门	入账日期	增加方式	折旧方法	使用年限	预计净残值
01001	组合办公家具	YJ201-89	器具、家具、工具	1	套	19750.00	总经办	2018/09/20	购入	年限平均法	5	987.50

教学专用

7-3

付款申请单

申请部门：采购部　　2018 年 09 月 20 日　　编　号：000002

<table>
<tr><td>收款单位</td><td colspan="2">京州市金泰办公家具有限公司</td><td rowspan="5">付款原因
办公家具款</td></tr>
<tr><td>银行账号</td><td colspan="2">4832916425879351</td></tr>
<tr><td>开户行</td><td colspan="2">中国建设银行京州支行</td></tr>
<tr><td>金　额</td><td colspan="2">⊗佰⊗拾贰万贰仟玖佰壹拾拾元零角零分</td></tr>
<tr><td>用款方式</td><td>电汇</td><td>¥ 22910.00</td></tr>
</table>

单位领导	财务主管	部门主管	经办人
郑快进	叶芽	王健	刘云

金蝶统一会计凭证账簿系列（SX00-1-7）金蝶纷地方联公司承印

教学专用

7-4

<table>
<tr><td colspan="6">交通银行 BANK OF COMMUNICATIONS　　交通银行电子回单</td></tr>
<tr><td>回单编号</td><td>713955058947</td><td>回单类型</td><td>支付结算</td><td>业务名称</td><td>支付汇兑</td></tr>
<tr><td>凭证种类</td><td></td><td>凭证号码</td><td></td><td>借贷标志</td><td>借方</td></tr>
<tr><td>账号</td><td colspan="2">8706513894612354</td><td>主账号</td><td colspan="2"></td></tr>
<tr><td>户名</td><td colspan="4">京州市新大风机电设备有限公司</td><td rowspan="5">交通银行
业务受理章</td></tr>
<tr><td>开户行名称</td><td colspan="4">交通银行京州新区支行</td></tr>
<tr><td>对方账号</td><td colspan="4">4832916425879351</td></tr>
<tr><td>对方户名</td><td colspan="4">京州市金泰办公家具有限公司</td></tr>
<tr><td>对方开户行名称</td><td colspan="4">中国建设银行京州支行</td></tr>
<tr><td>币种</td><td>CNY</td><td>金额</td><td>22,910.00</td><td>金额大写</td><td>贰万贰仟玖佰壹拾元整</td></tr>
<tr><td>兑换信息</td><td>--</td><td>币种</td><td></td><td>金额</td><td>0.00</td></tr>
<tr><td>牌价</td><td>0.00000000</td><td>币种</td><td></td><td>金额</td><td>0.00</td></tr>
<tr><td>摘要</td><td colspan="5">办公家具款</td></tr>
<tr><td>附加信息</td><td colspan="5"></td></tr>
<tr><td>打印次数</td><td>1</td><td>记账日期</td><td>2018-09-20</td><td>会计流水号</td><td>EEP0000004119462</td></tr>
</table>

B-1-1

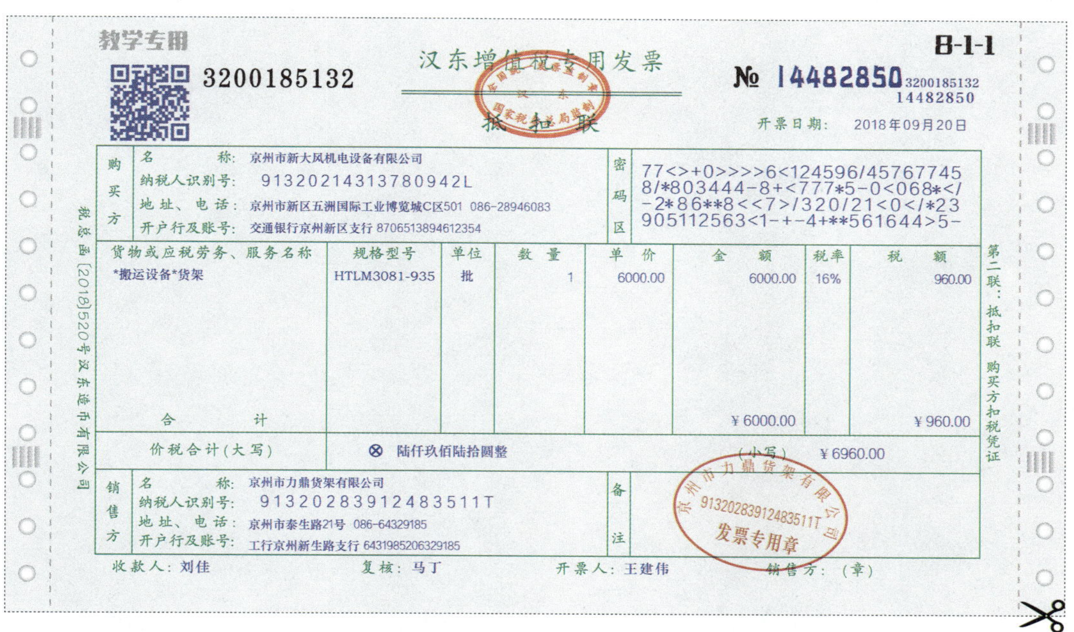

教学专用

3200185132

汉东增值税专用发票

抵扣联

№ 14482850 3200185132 14482850

开票日期：2018年09月20日

购买方	名称：京州市新大风机电设备有限公司 纳税人识别号：91320214313780942L 地址、电话：京州市新区五洲国际工业博览城C区501 086-28946083 开户行及账号：交通银行京州新区支行 8706513894612354	密码区	77<>+0>>>>6<124596/45767745 8/*803444-8+<777*5-0<068*</ -2*86**8<<7>/320/21<0</*23 905112563<1-+-4+**561644>5-

货物或应税劳务、服务名称	规格型号	单位	数量	单价	金额	税率	税额
*搬运设备*货架	HTLM3081-935	批	1	6000.00	6000.00	16%	960.00
合计					¥6000.00		¥960.00
价税合计（大写）	⊗陆仟玖佰陆拾圆整				（小写）¥6960.00		

销售方	名称：京州市力鼎货架有限公司 纳税人识别号：91320283912483511T 地址、电话：京州市泰生路21号 086-64329185 开户行及账号：工行京州新生路支行 6431985206329185	备注	

收款人：刘佳　复核：马丁　开票人：王建伟　销售方：（章）

税总函[2018]520号汉东造币有限公司

第二联：抵扣联 购买方扣税凭证

B-1-2

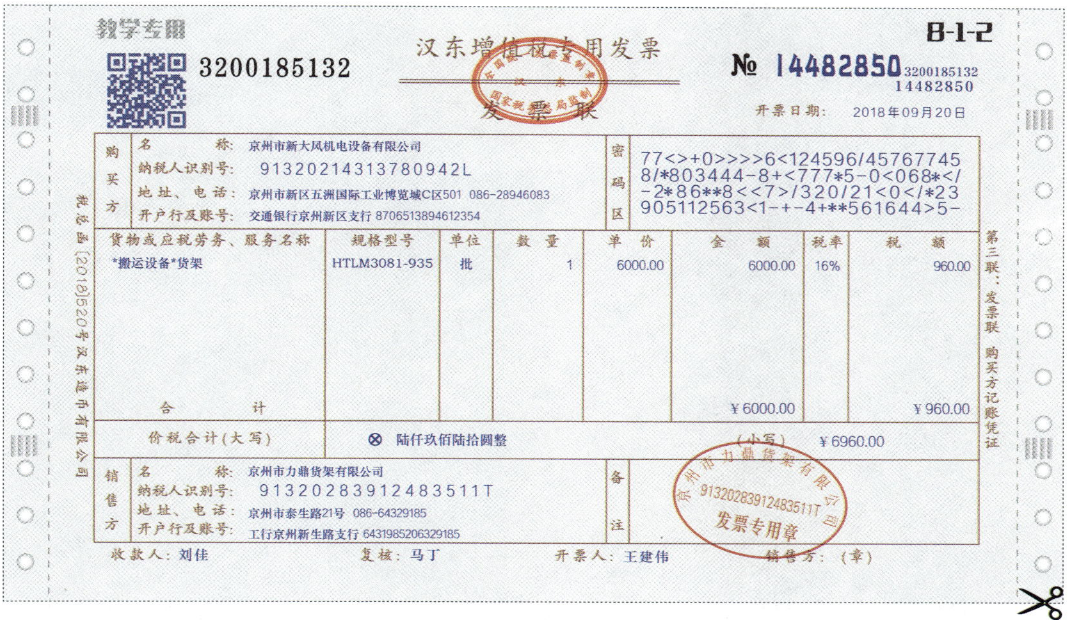

教学专用

3200185132

汉东增值税专用发票

发票联

№ 14482850 3200185132 14482850

开票日期：2018年09月20日

购买方	名称：京州市新大风机电设备有限公司 纳税人识别号：91320214313780942L 地址、电话：京州市新区五洲国际工业博览城C区501 086-28946083 开户行及账号：交通银行京州新区支行 8706513894612354	密码区	77<>+0>>>>6<124596/45767745 8/*803444-8+<777*5-0<068*</ -2*86**8<<7>/320/21<0</*23 905112563<1-+-4+**561644>5-

货物或应税劳务、服务名称	规格型号	单位	数量	单价	金额	税率	税额
*搬运设备*货架	HTLM3081-935	批	1	6000.00	6000.00	16%	960.00
合计					¥6000.00		¥960.00
价税合计（大写）	⊗陆仟玖佰陆拾圆整				（小写）¥6960.00		

销售方	名称：京州市力鼎货架有限公司 纳税人识别号：91320283912483511T 地址、电话：京州市泰生路21号 086-64329185 开户行及账号：工行京州新生路支行 6431985206329185	备注	

收款人：刘佳　复核：马丁　开票人：王建伟　销售方：（章）

税总函[2018]520号汉东造币有限公司

第三联：发票联 购买方记账凭证

教学专用

B-2

固定资产验收单

2018年09月20日

代码	固定资产名称	型号规格	类别	签收数量	单位	金额（元）	使用部门	入账日期	增加方式	折旧方法	使用年限	预计净残值
01002	货架	HTLM3081-935	器具、家具、工具	1	批	6000.00	仓库	2018/09/20	购入	年限平均法	5	300.00

教学专用

8-3

付款申请单

申请部门：采购部　　2018 年 09 月 20 日　　编 号：000003

<table>
<tr><td>收款单位</td><td colspan="2">京州市力鼎货架有限公司</td><td colspan="2">付 款 原 因</td></tr>
<tr><td>银行账号</td><td colspan="2">6431985206329185</td><td colspan="2" rowspan="4">货架款</td></tr>
<tr><td>开 户 行</td><td colspan="2">工行京州新生路支行</td></tr>
<tr><td>金　　额</td><td colspan="2">⊗佰⊗拾⊗万陆仟玖佰陆拾零元零角零分</td></tr>
<tr><td>用款方式</td><td>转账</td><td>¥ 6960.00</td></tr>
<tr><td>单 位 领 导</td><td>财 务 主 管</td><td>部 门 主 管</td><td colspan="2">经 办 人</td></tr>
<tr><td>郑快进</td><td>叶芳</td><td>王健</td><td colspan="2">刘云</td></tr>
</table>

教学专用

8-4

交通银行 BANK OF COMMUNICATIONS

交通银行电子回单

<table>
<tr><td>回单编号</td><td>713955064325</td><td>回单类型</td><td>支付结算</td><td>业务名称</td><td>支付汇兑</td></tr>
<tr><td>凭证种类</td><td></td><td>凭证号码</td><td></td><td>借贷标志</td><td>借方</td></tr>
<tr><td>账号</td><td colspan="2">8706513894612354</td><td>主账号</td><td colspan="2"></td></tr>
<tr><td>户名</td><td colspan="4">京州市新大风机电设备有限公司</td><td rowspan="5">交通银行
业务受理章</td></tr>
<tr><td>开户行名称</td><td colspan="4">交通银行京州新区支行</td></tr>
<tr><td>对方账号</td><td colspan="4">6431985206329185</td></tr>
<tr><td>对方户名</td><td colspan="4">京州市力鼎货架有限公司</td></tr>
<tr><td>对方开户行名称</td><td colspan="4">工行京州新生路支行</td></tr>
<tr><td>币种</td><td>CNY</td><td>金额</td><td>6,960.00</td><td>金额大写</td><td>陆仟玖佰陆拾元整</td></tr>
<tr><td>兑换信息</td><td>--</td><td>币种</td><td></td><td>金额</td><td>0.00</td></tr>
<tr><td>牌价</td><td>0.00000000</td><td>币种</td><td></td><td>金额</td><td>0.00</td></tr>
<tr><td>摘要</td><td colspan="5">货架款</td></tr>
<tr><td>附加信息</td><td colspan="5"></td></tr>
<tr><td>打印次数</td><td>1</td><td>记账日期</td><td>2018-09-20</td><td>会计流水号</td><td>EEP0000004121486</td></tr>
</table>

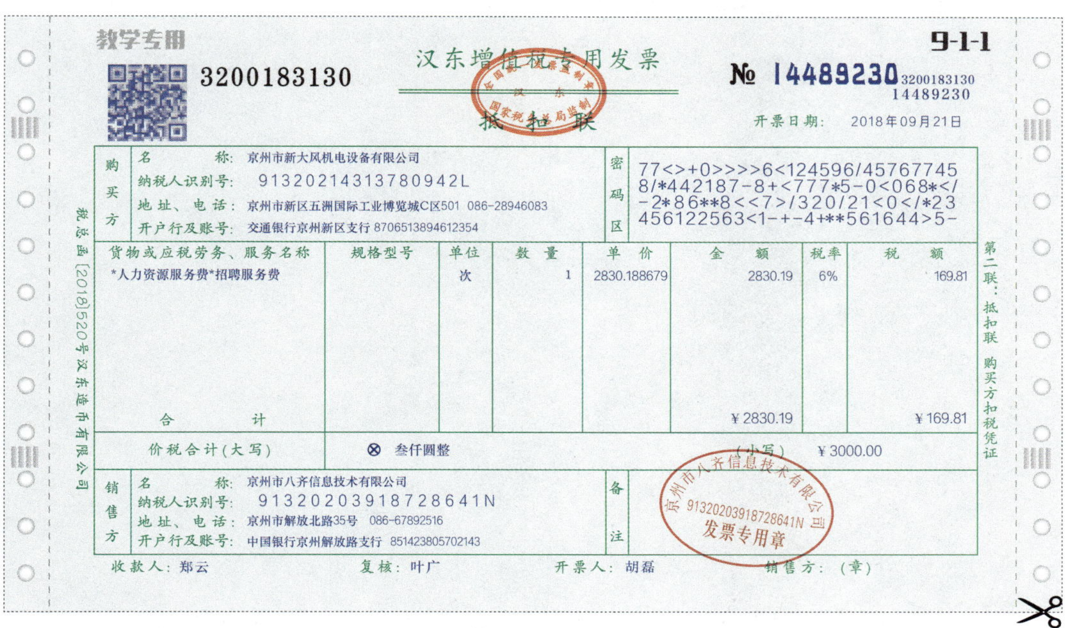

教学专用

9-1-1

3200183130

汉东增值税专用发票

№ 14489230 3200183130 14489230

抵扣联

开票日期：2018年09月21日

购买方	名称：京州市新大风机电设备有限公司 纳税人识别号：91320214313780942L 地址、电话：京州市新区五洲国际工业博览城C区501 086-28946083 开户行及账号：交通银行京州新区支行 8706513894612354	密码区	77<>+0>>>>6<124596/45767745 8/*442187-8+<777*5-0<068*</ -2*86**8<<7>/320/21<0</*23 456122563<1-+-4+**561644>5-

货物或应税劳务、服务名称	规格型号	单位	数量	单价	金额	税率	税额
*人力资源服务费*招聘服务费		次	1	2830.188679	2830.19	6%	169.81
合计					¥2830.19		¥169.81
价税合计（大写）	⊗ 叁仟圆整				（小写）¥3000.00		

销售方	名称：京州市八齐信息技术有限公司 纳税人识别号：91320203918728641N 地址、电话：京州市解放北路35号 086-67892516 开户行及账号：中国银行京州解放路支行 851423805702143	备注	

收款人：郑云 复核：叶广 开票人：胡磊 销售方：（章）

税总函[2018]520号汉东造币有限公司

第二联：抵扣联 购买方扣税凭证

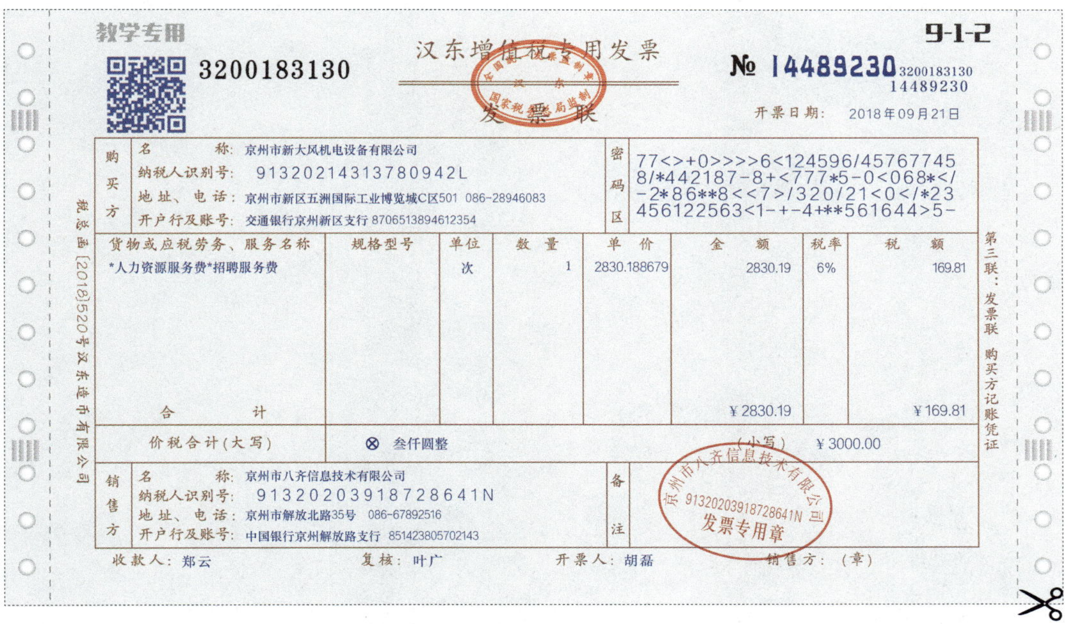

教学专用

9-1-2

3200183130

汉东增值税专用发票

№ 14489230 3200183130 14489230

发票联

开票日期：2018年09月21日

购买方	名称：京州市新大风机电设备有限公司 纳税人识别号：91320214313780942L 地址、电话：京州市新区五洲国际工业博览城C区501 086-28946083 开户行及账号：交通银行京州新区支行 8706513894612354	密码区	77<>+0>>>>6<124596/45767745 8/*442187-8+<777*5-0<068*</ -2*86**8<<7>/320/21<0</*23 456122563<1-+-4+**561644>5-

货物或应税劳务、服务名称	规格型号	单位	数量	单价	金额	税率	税额
*人力资源服务费*招聘服务费		次	1	2830.188679	2830.19	6%	169.81
合计					¥2830.19		¥169.81
价税合计（大写）	⊗ 叁仟圆整				（小写）¥3000.00		

销售方	名称：京州市八齐信息技术有限公司 纳税人识别号：91320203918728641N 地址、电话：京州市解放北路35号 086-67892516 开户行及账号：中国银行京州解放路支行 851423805702143	备注	

收款人：郑云 复核：叶广 开票人：胡磊 销售方：（章）

税总函[2018]520号汉东造币有限公司

第三联：发票联 购买方记账凭证

教学专用 9-2

付款申请单

申请部门：总经办　　2018 年 09 月 21 日　　编号：000004

收款单位	京州市八齐信息技术有限公司		付款原因
银行账号	851423805702143		
开户行	中国银行京州解放路支行		招聘服务费
金额	⊗佰⊗拾⊗万叁仟零佰零拾零元零角零分		
用款方式	转账	¥3000.00	

单位领导	财务主管	部门主管	经办人
郑快进	叶芽	郑快进	陈林

金蝶统一会计凭证影印系列（SX03-F）金蝶妙想互联公司承印

教学专用 9-3

交通银行 BANK OF COMMUNICATIONS　　交通银行电子回单

回单编号	713955258439	回单类型	支付结算	业务名称	支付汇兑
凭证种类		凭证号码		借贷标志	借方
账号	8706513894612354		主账号		
户名	京州市新大风机电设备有限公司			交通银行 业务受理章	
开户行名称	交通银行京州新区支行				
对方账号	851423805702143				
对方户名	京州市八齐信息技术有限公司				
对方开户行名称	中国银行京州解放路支行				
币种	CNY	金额	3,000.00	金额大写	叁仟元整
兑换信息	--	币种		金额	0.00
牌价	0.00000000	币种		金额	0.00
摘要	招聘服务费				
附加信息					
打印次数	1	记账日期	2018-09-21	会计流水号	EEP0000004258964

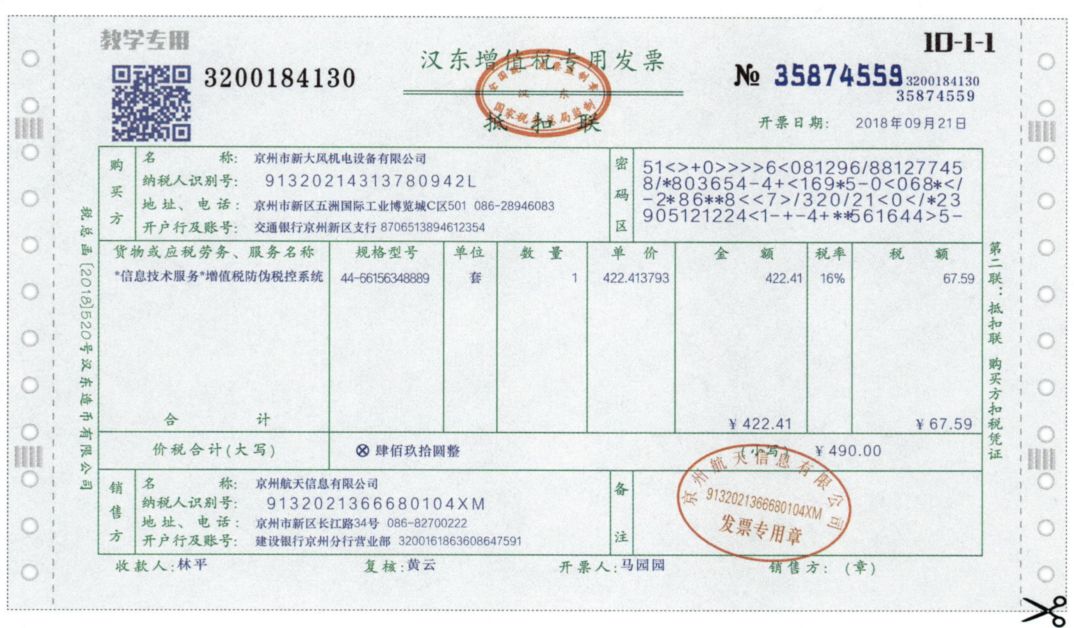

教学专用

10-1-1

汉东增值税专用发票

3200184130　　№ 35874559　3200184130 35874559

抵扣联

开票日期：2018年09月21日

购买方		密码区
名　　称：	京州市新大风机电设备有限公司	51<>+0>>>>6<081296/88127745
纳税人识别号：	91320214313780942L	8/*803654-4+<169*5-0<068*</
地址、电话：	京州市新区五洲国际工业博览城C区501 086-28946083	-2*86**8<<7>/320/21<0</*23
开户行及账号：	交通银行京州新区支行 8706513894612354	905121224<1-+-4+**561644>5-

货物或应税劳务、服务名称	规格型号	单位	数量	单价	金额	税率	税额
*信息技术服务*增值税防伪税控系统	44-66156348889	套	1	422.413793	422.41	16%	67.59
合　　计					¥422.41		¥67.59
价税合计（大写）	⊗肆佰玖拾圆整				（小写）¥490.00		

销售方		备注
名　　称：	京州航天信息有限公司	
纳税人识别号：	913202136668010 4XM	
地址、电话：	京州市新区长江路34号 086-82700222	
开户行及账号：	建设银行京州分行营业部 3200161863608647591	

收款人：林平　　复核：黄云　　开票人：马园园　　销售方：（章）

京州航天信息有限公司 913202136668010 4XM 发票专用章

税总函〔2018〕520号汉东造币有限公司

第二联：抵扣联　购买方扣税凭证

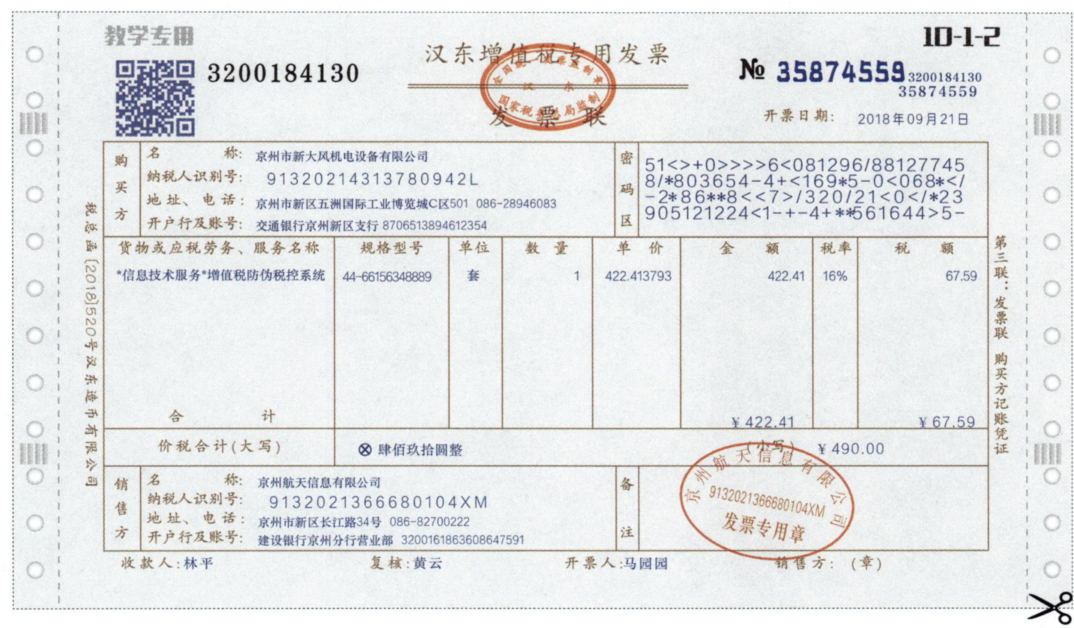

教学专用

10-1-2

汉东增值税专用发票

3200184130　　№ 35874559　3200184130 35874559

发票联

开票日期：2018年09月21日

购买方		密码区
名　　称：	京州市新大风机电设备有限公司	51<>+0>>>>6<081296/88127745
纳税人识别号：	91320214313780942L	8/*803654-4+<169*5-0<068*</
地址、电话：	京州市新区五洲国际工业博览城C区501 086-28946083	-2*86**8<<7>/320/21<0</*23
开户行及账号：	交通银行京州新区支行 8706513894612354	905121224<1-+-4+**561644>5-

货物或应税劳务、服务名称	规格型号	单位	数量	单价	金额	税率	税额
*信息技术服务*增值税防伪税控系统	44-66156348889	套	1	422.413793	422.41	16%	67.59
合　　计					¥422.41		¥67.59
价税合计（大写）	⊗肆佰玖拾圆整				（小写）¥490.00		

销售方		备注
名　　称：	京州航天信息有限公司	
纳税人识别号：	913202136668010 4XM	
地址、电话：	京州市新区长江路34号 086-82700222	
开户行及账号：	建设银行京州分行营业部 3200161863608647591	

收款人：林平　　复核：黄云　　开票人：马园园　　销售方：（章）

京州航天信息有限公司 913202136668010 4XM 发票专用章

税总函〔2018〕520号汉东造币有限公司

第三联：发票联　购买方记账凭证

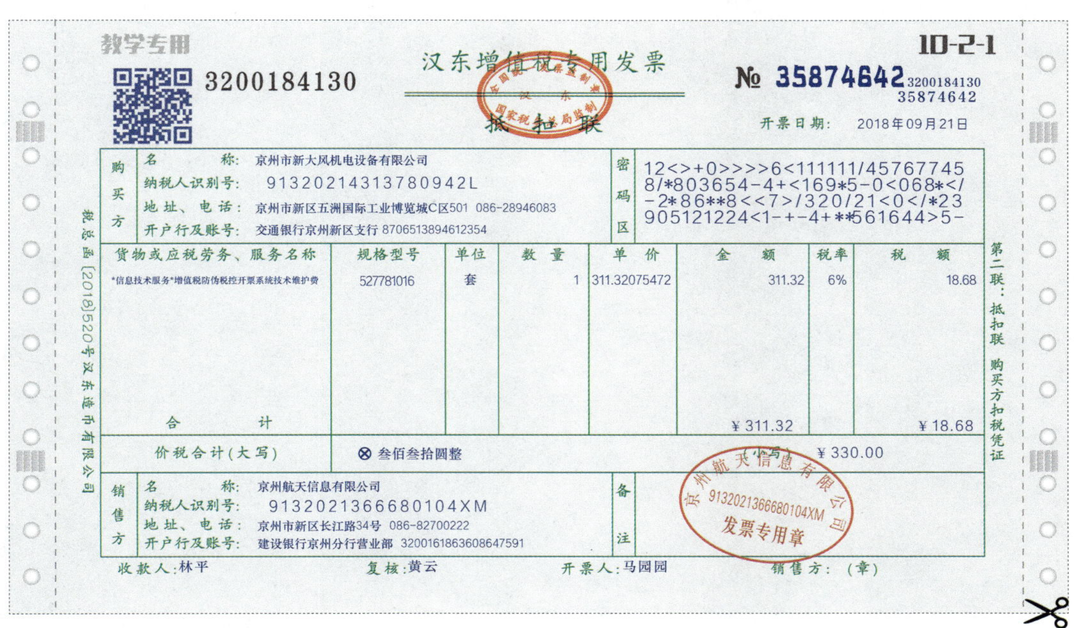

教学专用　　　　　　　　　　　　　　　　　　　　　　　　　　　　　　10-2-1

3200184130　　**汉东增值税专用发票**　　№ 35874642　3200184130　35874642

抵扣联　　　　开票日期：2018年09月21日

购买方	名　　称：京州市新大风机电设备有限公司 纳税人识别号：91320214313780942L 地 址、电 话：京州市新区五洲国际工业博览城C区501　086-28946083 开户行及账号：交通银行京州新区支行 8706513894612354	密码区	12<>+0>>>>6<111111/45767745 8/*803654-4+<169*5-0<068*</ -2*86**8<<7>/320/21<0</*23 905121224<1-+-4+**561644>5-

货物或应税劳务、服务名称	规格型号	单位	数量	单价	金额	税率	税额
*信息技术服务*增值税防伪税控开票系统技术维护费	527781016	套	1	311.32075472	311.32	6%	18.68
合　　计					¥311.32		¥18.68
价税合计（大写）	⊗叁佰叁拾圆整				（小写）¥330.00		

销售方	名　　称：京州航天信息有限公司 纳税人识别号：9132021366680104XM 地 址、电 话：京州市新区长江路34号　086-82700222 开户行及账号：建设银行京州分行营业部　3200161863608647591	备注	

收款人：林平　　复核：黄云　　开票人：马园园　　销售方：（章）

税总函[2018]520号汉东造币有限公司

第二联：抵扣联　购买方扣税凭证

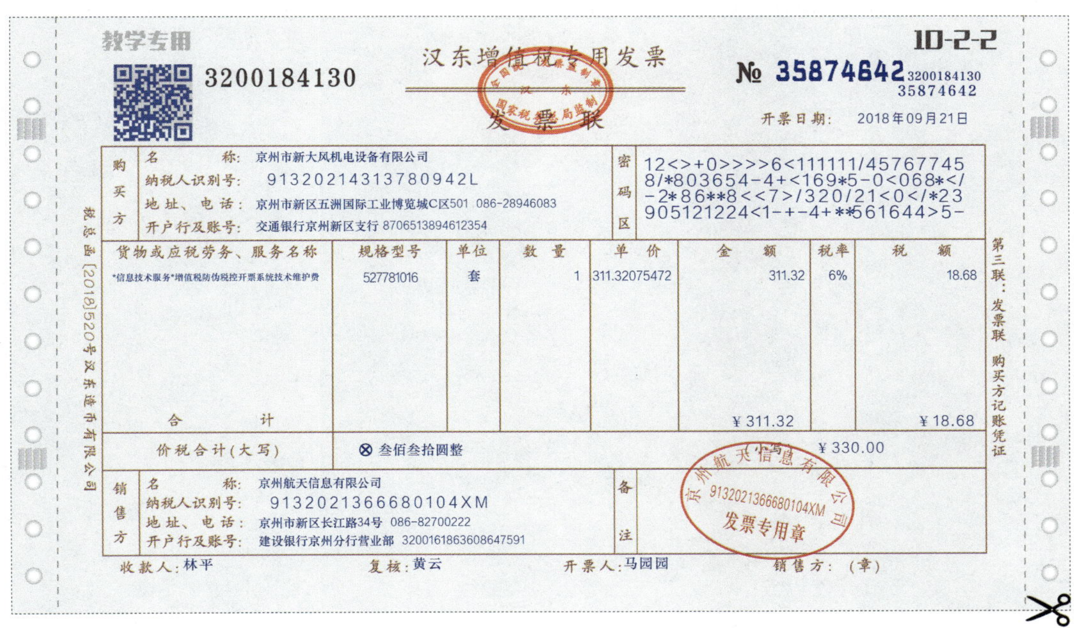

教学专用　　　　　　　　　　　　　　　　　　　　　　　　　　　　　　10-2-2

3200184130　　**汉东增值税专用发票**　　№ 35874642　3200184130　35874642

发票联　　　　开票日期：2018年09月21日

购买方	名　　称：京州市新大风机电设备有限公司 纳税人识别号：91320214313780942L 地 址、电 话：京州市新区五洲国际工业博览城C区501　086-28946083 开户行及账号：交通银行京州新区支行 8706513894612354	密码区	12<>+0>>>>6<111111/45767745 8/*803654-4+<169*5-0<068*</ -2*86**8<<7>/320/21<0</*23 905121224<1-+-4+**561644>5-

货物或应税劳务、服务名称	规格型号	单位	数量	单价	金额	税率	税额
*信息技术服务*增值税防伪税控开票系统技术维护费	527781016	套	1	311.32075472	311.32	6%	18.68
合　　计					¥311.32		¥18.68
价税合计（大写）	⊗叁佰叁拾圆整				（小写）¥330.00		

销售方	名　　称：京州航天信息有限公司 纳税人识别号：9132021366680104XM 地 址、电 话：京州市新区长江路34号　086-82700222 开户行及账号：建设银行京州分行营业部　3200161863608647591	备注	

收款人：林平　　复核：黄云　　开票人：马园园　　销售方：（章）

税总函[2018]520号汉东造币有限公司

第三联：发票联　购买方记账凭证

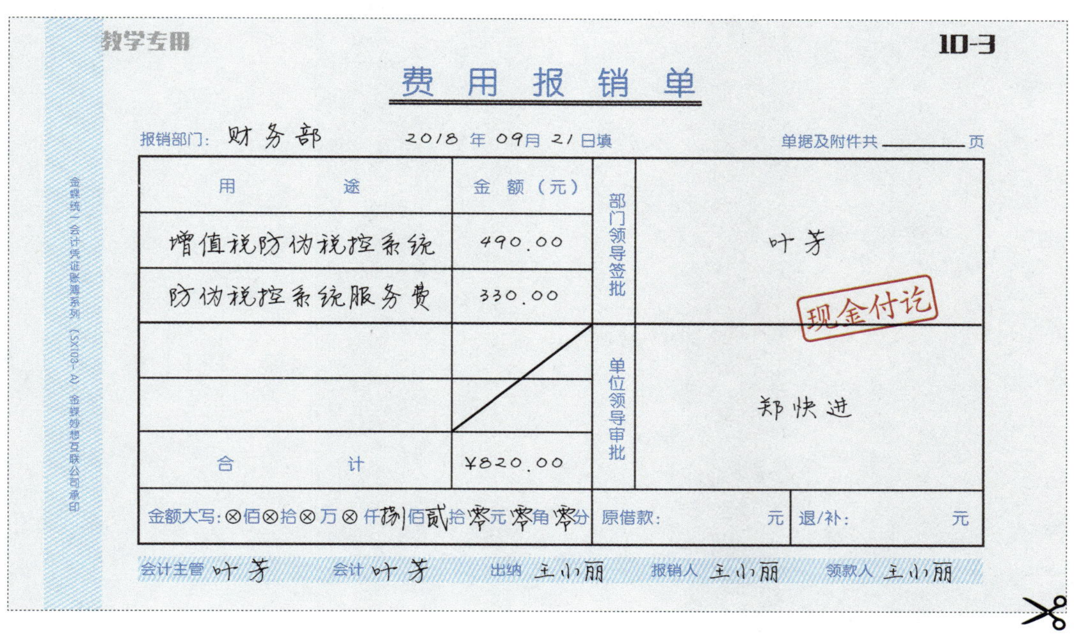

教学专用　　10-3

费用报销单

报销部门：财务部　　2018 年 09 月 21 日填　　单据及附件共＿＿页

用途	金额（元）	部门领导签批	叶芽　现金付讫
增值税防伪税控系统	490.00		
防伪税控系统服务费	330.00		
		单位领导审批	郑快进
合计	¥820.00		
金额大写：⊗佰⊗拾⊗万⊗仟捌佰贰拾零元零角零分		原借款：　元	退/补：　元

会计主管 叶芽　会计 叶芽　出纳 王小丽　报销人 王小丽　领款人 王小丽

金蝶统一会计凭证套账系列（SX103-A）金蝶妙想互联公司承印

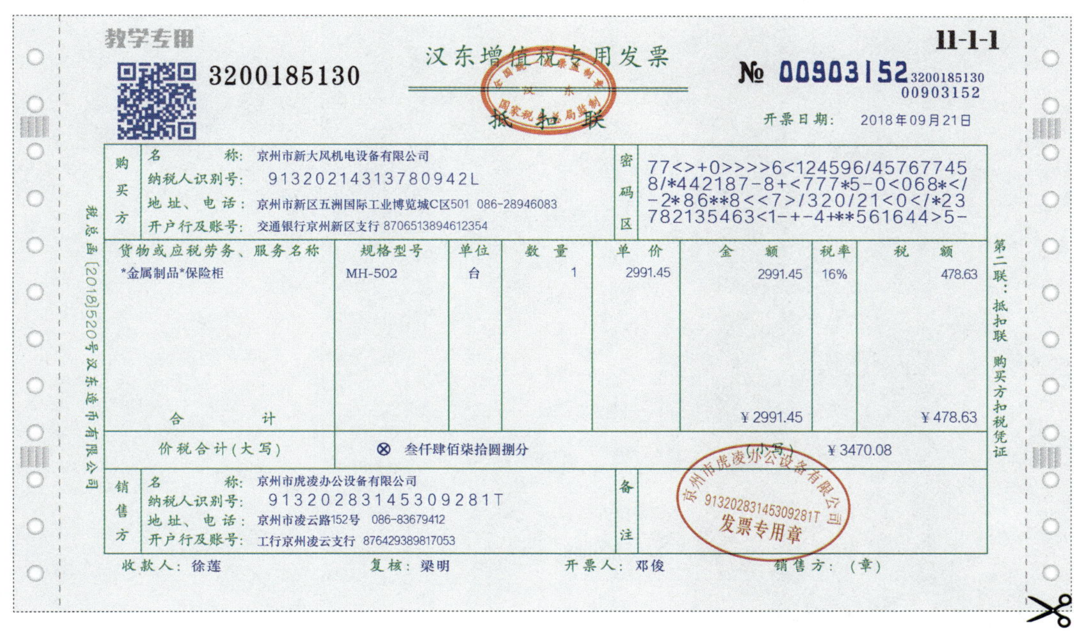

教学专用　　11-1-1

汉东增值税专用发票

3200185130　　№ 00903152　3200185130　00903152

抵扣联　　开票日期：2018年09月21日

购买方	
名称	京州市新大风机电设备有限公司
纳税人识别号	91320214313780942L
地址、电话	京州市新区五洲国际工业博览城C区501 086-28946083
开户行及账号	交通银行京州新区支行 8706513894612354

密码区：77<>+0>>>>6<124596/45767745 8/*442187-8+<777*5-0<068*</ -2*86**8<<7>/320/21<0</*23 782135463<1-+-4+**561644>5-

货物或应税劳务、服务名称	规格型号	单位	数量	单价	金额	税率	税额
*金属制品*保险柜	MH-502	台	1	2991.45	2991.45	16%	478.63
合计					¥2991.45		¥478.63
价税合计（大写）	⊗叁仟肆佰柒拾圆捌分				（小写）¥3470.08		

销售方	
名称	京州市虎凌办公设备有限公司
纳税人识别号	91320283145309281T
地址、电话	京州市凌云路152号 086-83679412
开户行及账号	工行京州凌云支行 876429389817053

备注：京州市虎凌办公设备有限公司 91320283145309281T 发票专用章

收款人：徐莲　复核：梁明　开票人：邓俊　销售方：（章）

第二联：抵扣联　购买方扣税凭证

税总函[2018]520号汉东造币有限公司

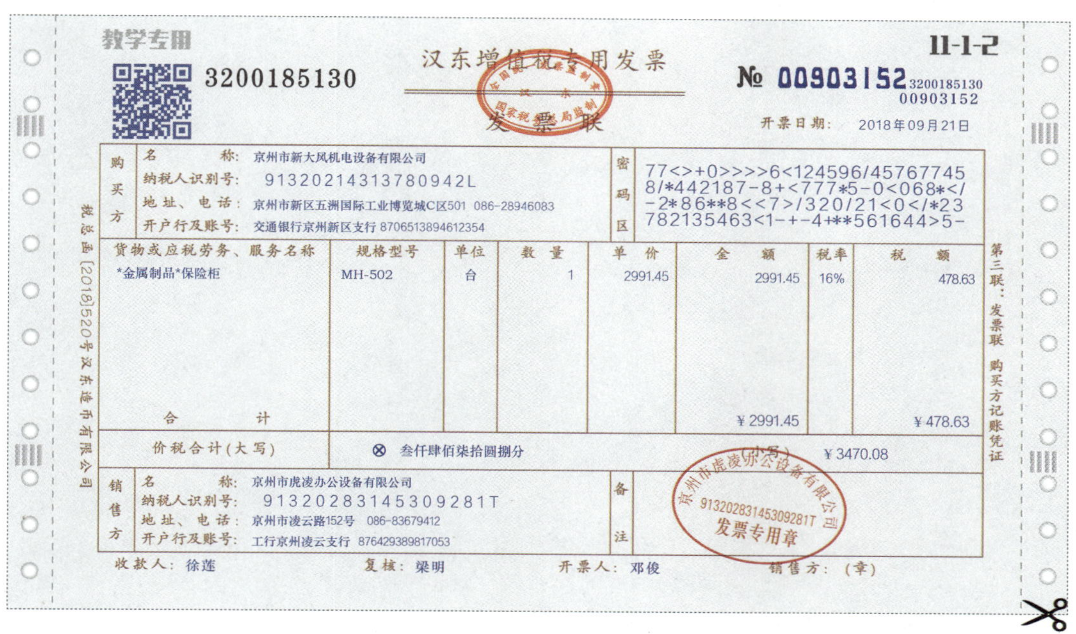

教学专用

11-1-2

汉东增值税专用发票

3200185130

发票联

№ 00903152 3200185130 00903152

开票日期：2018年09月21日

购买方	名称：京州市新大风机电设备有限公司 纳税人识别号：91320214313780942L 地址、电话：京州市新区五洲国际工业博览城C区501 086-28946083 开户行及账号：交通银行京州新区支行 8706513894612354	密码区	77<>+0>>>>6<124596/45767745 8/*442187-8+<777*5-0<068*</ -2*86**8<<7>/320/21<0</*23 782135463<1-+-4+**561644>5-

货物或应税劳务、服务名称	规格型号	单位	数量	单价	金额	税率	税额
*金属制品*保险柜	MH-502	台	1	2991.45	2991.45	16%	478.63
合计					¥2991.45		¥478.63
价税合计（大写）	⊗叁仟肆佰柒拾圆捌分				（小写）¥3470.08		

销售方	名称：京州市虎凌办公设备有限公司 纳税人识别号：91320283145309281T 地址、电话：京州市凌云路152号 086-83679412 开户行及账号：工行京州凌云支行 876429389817053	备注	京州市虎凌办公设备有限公司 91320283145309281T 发票专用章

收款人：徐莲　　复核：梁明　　开票人：邓俊　　销售方：（章）

税总函[2018]520号汉东造币有限公司

第三联：发票联　购买方记账凭证

教学专用

11-2

固定资产验收单

2018年09月21日

代码	固定资产名称	型号规格	类别	签收数量	单位	金额（元）	使用部门	入账日期	增加方式	折旧方法	使用年限	预计净残值
01003	保险柜	MH-502	器具、家具、工具	1	台	2991.45	财务部	2018/09/21	购入	年限平均法	5	149.57

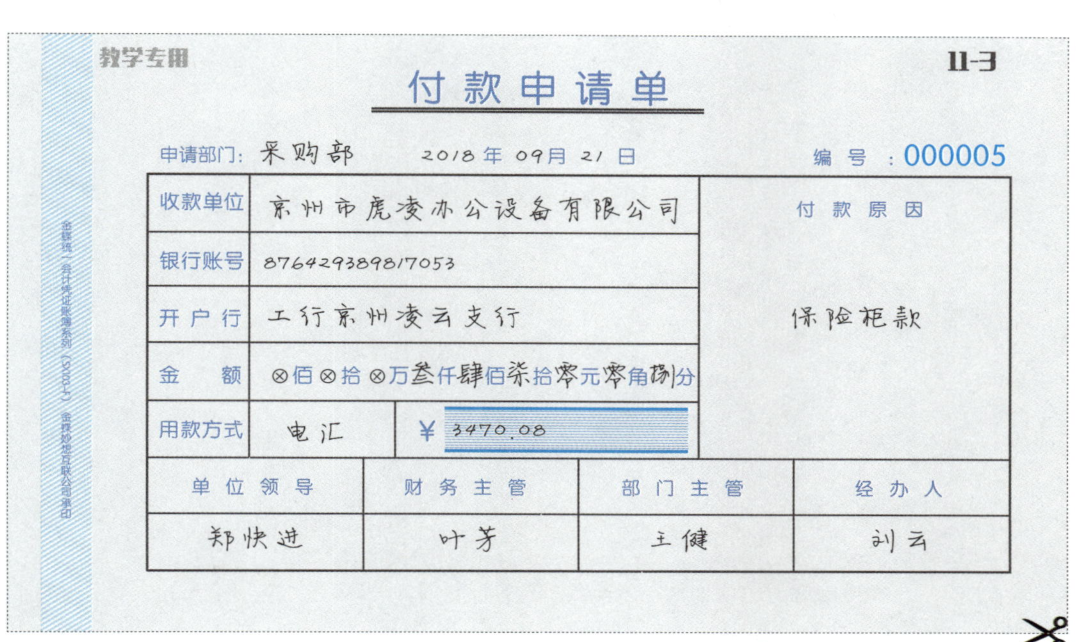

教学专用

11-3

付款申请单

申请部门：采购部　　2018年09月21日　　编号：000005

收款单位	京州市虎凌办公设备有限公司		付款原因
银行账号	876429389817053		保险柜款
开户行	工行京州凌云支行		
金额	⊗佰⊗拾⊗万叁仟肆佰柒拾零元零角捌分		
用款方式	电汇	¥3470.08	

单位领导	财务主管	部门主管	经办人
郑快进	叶芳	王健	刘云

教学专用 11-4

交通银行 BANK OF COMMUNICATIONS	交通银行电子回单				
回单编号	713955212087	回单类型	支付结算	业务名称	支付汇兑
凭证种类		凭证号码		借贷标志	借方
账号	8706513894612354		主账号		
户名	京州市新大风机电设备有限公司				交通银行 业务受理章
开户行名称	交通银行京州新区支行				
对方账号	876429389817053				
对方户名	京州市虎凌办公设备有限公司				
对方开户行名称	工行京州凌云支行				
币种	CNY	金额	3,470.08	金额大写	叁仟伍佰元整
兑换信息	--	币种		金额	0.00
牌价	0.00000000	币种		金额	0.00
摘要	保险柜款				
附加信息					
打印次数	1	记账日期	2018-09-21	会计流水号	EEP0000004111122

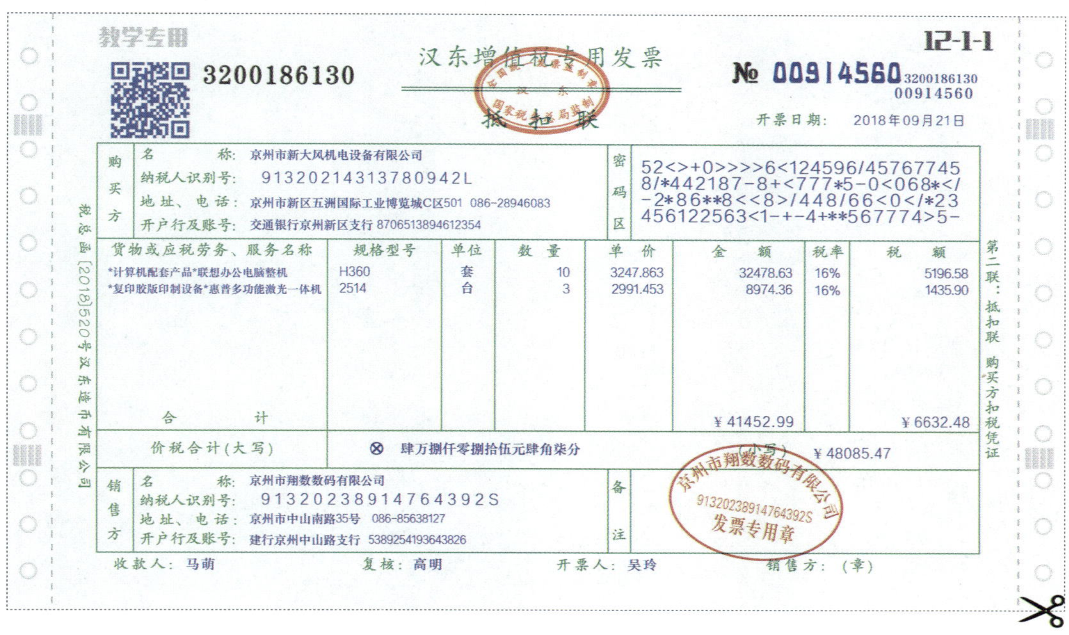

教学专用 12-1-1

汉东增值税专用发票

3200186130 № 00914560 3200186130 00914560

抵扣联

开票日期：2018年09月21日

购买方 名称：京州市新大风机电设备有限公司
纳税人识别号：91320214313780942L
地址、电话：京州市新区五洲国际工业博览城C区501 086-28946083
开户行及账号：交通银行京州新区支行 8706513894612354

密码区：
52<>+0>>>>6<124596/45767745
8/*442187-8+<777*5-0<068*</
-2*86**8<<8>/448/66<0</*23
456122563<1-+-4+**567774>5-

货物或应税劳务、服务名称	规格型号	单位	数量	单价	金额	税率	税额
*计算机配套产品*联想办公电脑整机	H360	套	10	3247.863	32478.63	16%	5196.58
*复印胶版印制设备*惠普多功能激光一体机	2514	台	3	2991.453	8974.36	16%	1435.90
合计					¥41452.99		¥6632.48

价税合计（大写）⊗ 肆万捌仟零捌拾伍元肆角柒分 （小写）¥48085.47

销售方 名称：京州市翔数数码有限公司
纳税人识别号：91320238914764392S
地址、电话：京州市中山南路35号 086-85638127
开户行及账号：建行京州中山路支行 5389254193643826

备注：京州市翔数数码有限公司 91320238914764392S 发票专用章

收款人：马萌 复核：高明 开票人：吴玲 销售方：（章）

税总函[2018]520号汉东造币有限公司

第二联：抵扣联 购买方扣税凭证

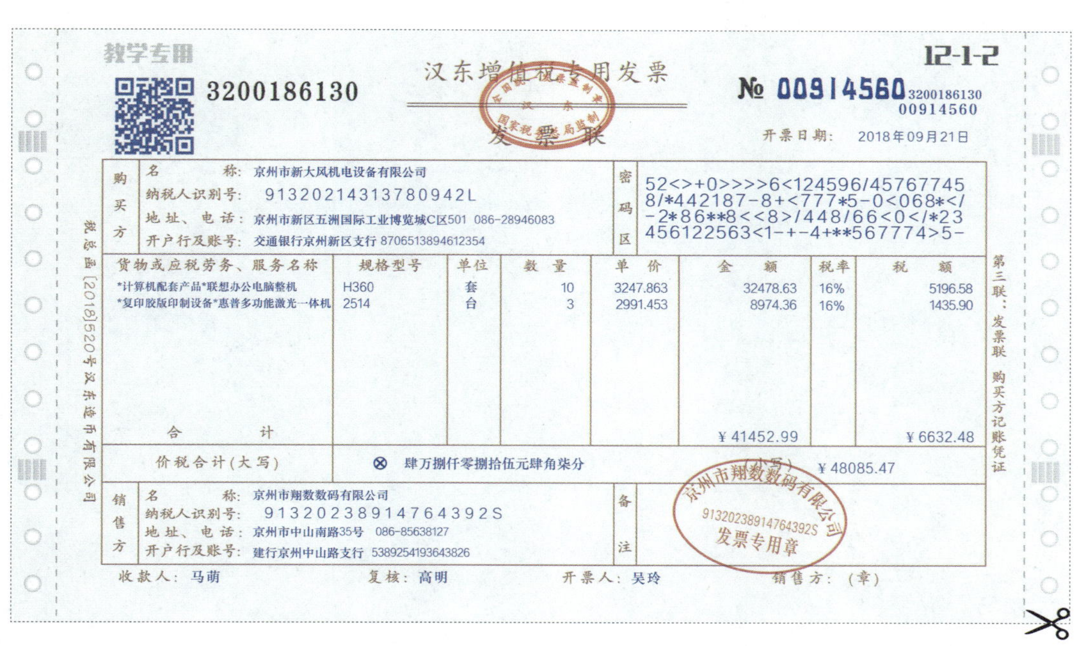

教学专用 12-1-2

3200186130

汉东增值税专用发票

发票联

№ 00914560 3200186130 00914560

开票日期： 2018年09月21日

购买方	名　　称：京州市新大风机电设备有限公司 纳税人识别号：91320214313780942L 地址、电话：京州市新区五洲国际工业博览城C区501 086-28946083 开户行及账号：交通银行京州新区支行 8706513894612354			密码区	52<>+0>>>>6<124596/45767745 8/*442187-8+<777*5-0<068*</ -2*86**8<<8>/448/66<0</*23 456122563<1-+-4+**567774>5-			
货物或应税劳务、服务名称	规格型号	单位	数量	单价	金额	税率	税额	
*计算机配套产品*联想办公电脑整机	H360	套	10	3247.863	32478.63	16%	5196.58	
*复印胶版印制设备*惠普多功能激光一体机	2514	台	3	2991.453	8974.36	16%	1435.90	
合　计					¥41452.99		¥6632.48	
价税合计（大写）	⊗ 肆万捌仟零捌拾伍元肆角柒分				（小写） ¥48085.47			
销售方	名　　称：京州市翔数数码有限公司 纳税人识别号：91320238914764392S 地址、电话：京州市中山南路35号 086-85638127 开户行及账号：建行京州中山路支行 5389254193643826			备注	京州市翔数数码有限公司 91320238914764392S 发票专用章			

收款人：马萌　　复核：高明　　开票人：吴玲　　销售方：（章）

税总函[2018]520号汉东造币有限公司

第三联：发票联 购买方记账凭证

教学专用 12-2

固定资产验收单

2018年09月21日

代码	固定资产名称	型号规格	类别	签收数量	单位	金额（元）	使用部门	入账日期	增加方式	折旧方法	使用年限	预计净残值
02001	电脑-郑快进	H360	电子设备	1	套	3247.86	总经办	2018/09/21	购入	年限平均法	3	162.39
02002	电脑-陈林	H360	电子设备	1	套	3247.86	总经办	2018/09/21	购入	年限平均法	3	162.39
02003	电脑-叶芳	H360	电子设备	1	套	3247.86	财务部	2018/09/21	购入	年限平均法	3	162.39
02004	电脑-王小丽	H360	电子设备	1	套	3247.86	财务部	2018/09/21	购入	年限平均法	3	162.39
02005	电脑-王健	H360	电子设备	1	套	3247.86	采购部	2018/09/21	购入	年限平均法	3	162.39
02006	电脑-刘云	H360	电子设备	1	套	3247.86	采购部	2018/09/21	购入	年限平均法	3	162.39
02007	电脑-李闯	H360	电子设备	1	套	3247.86	销售部	2018/09/21	购入	年限平均法	3	162.39
02008	电脑-高磊	H360	电子设备	1	套	3247.86	销售部	2018/09/21	购入	年限平均法	3	162.39
02009	电脑-卞青	H360	电子设备	1	套	3247.86	仓库	2018/09/21	购入	年限平均法	3	162.39
02010	电脑	H360	电子设备	1	套	3247.89	总经办	2018/09/21	购入	年限平均法	3	162.39
02011	打印机-总经办	2514	电子设备	1	套	2991.45	总经办	2018/09/21	购入	年限平均法	3	149.57
02012	打印机-销售部	2514	电子设备	1	套	2991.45	销售部	2018/09/21	购入	年限平均法	3	149.57
02013	打印机-仓库	2514	电子设备	1	套	2991.46	仓库	2018/09/21	购入	年限平均法	3	149.57

教学专用　　12-3

付款申请单

申请部门：采购部　　2018 年 09 月 21 日　　编号：000006

收款单位	京州市翔数数码有限公司		付款原因
银行账号	5389254193643826		办公设备款
开户行	建行京州中山路支行		
金额	⊗佰⊗拾肆万捌仟零佰捌拾伍元肆角柒分		
用款方式	转账	¥48085.47	

单位领导	财务主管	部门主管	经办人
郑快进	叶芳	王健	刘云

金蝶统一会计凭证账簿系列（SX03-F）金蝶妙想互联公司承印

教学专用　　12-4

交通银行 BANK OF COMMUNICATIONS　交通银行电子回单

回单编号	713955264325	回单类型	支付结算	业务名称	支付汇兑
凭证种类		凭证号码		借贷标志	借方
账号	8706513894612354		主账号		
户名	京州市新大风机电设备有限公司				交通银行 业务受理章
开户行名称	交通银行京州新区支行				
对方账号	5389254193643826				
对方户名	京州市翔数数码有限公司				
对方开户行名称	建行京州中山路支行				
币种	CNY	金额	48,085.47	金额大写	肆万捌仟零捌拾伍元肆角柒分
兑换信息	--	币种		金额	0.00
牌价	0.00000000	币种		金额	0.00
摘要	办公设备款				
附加信息					
打印次数	1	记账日期	2018-09-21	会计流水号	EEP0000004238265

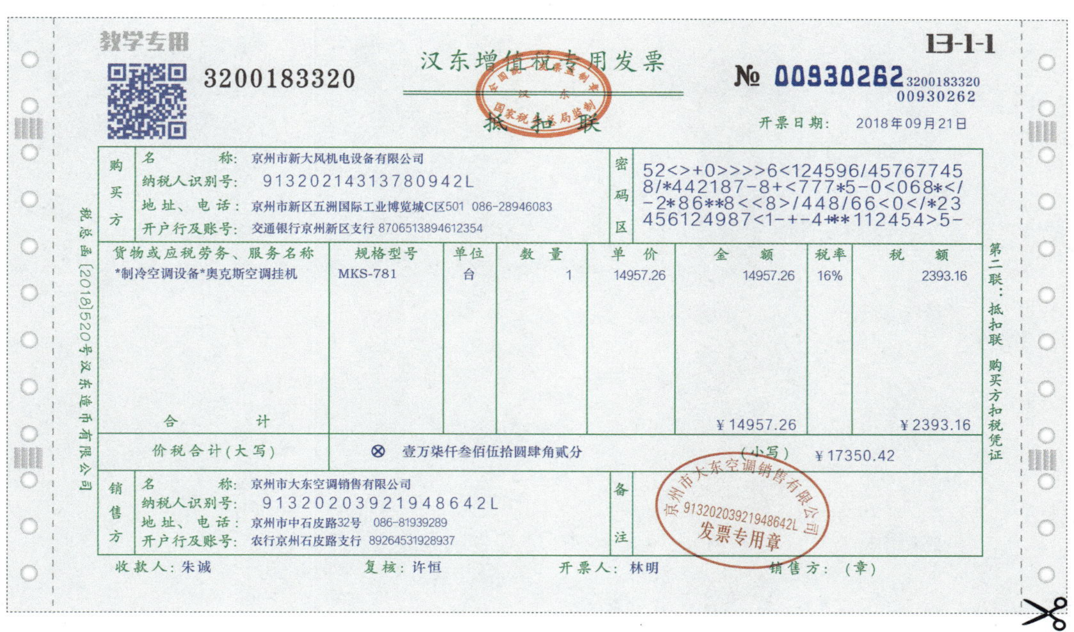

教学专用

13-1-1

汉东增值税专用发票

3200183320 抵扣联 № 00930262 3200183320 00930262

开票日期：2018年09月21日

购买方	名称：京州市新大风机电设备有限公司 纳税人识别号：91320214313780942L 地址、电话：京州市新区五洲国际工业博览城C区501 086-28946083 开户行及账号：交通银行京州新区支行 8706513894612354	密码区	52<>+0>>>>6<124596/45767745 8/*442187-8+<777*5-0<068*</ -2*86**8<<8>/448/66<0</*23 456124987<1-+-4**112454>5-

货物或应税劳务、服务名称	规格型号	单位	数量	单价	金额	税率	税额
*制冷空调设备*奥克斯空调挂机	MKS-781	台	1	14957.26	14957.26	16%	2393.16
合计					¥14957.26		¥2393.16
价税合计（大写）	⊗壹万柒仟叁佰伍拾圆肆角贰分				（小写）¥17350.42		

销售方	名称：京州市大东空调销售有限公司 纳税人识别号：91320203921948642L 地址、电话：京州市中石皮路32号 086-81939289 开户行及账号：农行京州石皮路支行 89264531928937	备注	京州市大东空调销售有限公司 91320203921948642L 发票专用章

收款人：朱诚 复核：许恒 开票人：林明 销售方：（章）

税总函[2018]520号汉东造币有限公司

第二联：抵扣联 购买方扣税凭证

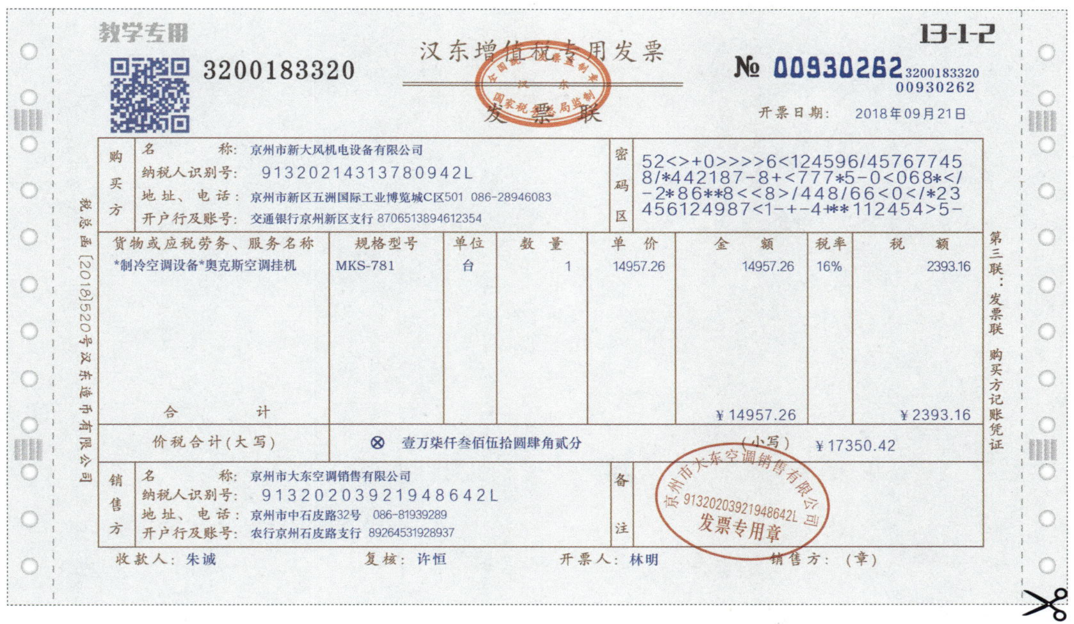

教学专用

13-1-2

汉东增值税专用发票

3200183320 发票联 № 00930262 3200183320 00930262

开票日期：2018年09月21日

购买方	名称：京州市新大风机电设备有限公司 纳税人识别号：91320214313780942L 地址、电话：京州市新区五洲国际工业博览城C区501 086-28946083 开户行及账号：交通银行京州新区支行 8706513894612354	密码区	52<>+0>>>>6<124596/45767745 8/*442187-8+<777*5-0<068*</ -2*86**8<<8>/448/66<0</*23 456124987<1-+-4**112454>5-

货物或应税劳务、服务名称	规格型号	单位	数量	单价	金额	税率	税额
*制冷空调设备*奥克斯空调挂机	MKS-781	台	1	14957.26	14957.26	16%	2393.16
合计					¥14957.26		¥2393.16
价税合计（大写）	⊗壹万柒仟叁佰伍拾圆肆角贰分				（小写）¥17350.42		

销售方	名称：京州市大东空调销售有限公司 纳税人识别号：91320203921948642L 地址、电话：京州市中石皮路32号 086-81939289 开户行及账号：农行京州石皮路支行 89264531928937	备注	京州市大东空调销售有限公司 91320203921948642L 发票专用章

收款人：朱诚 复核：许恒 开票人：林明 销售方：（章）

税总函[2018]520号汉东造币有限公司

第三联：发票联 购买方记账凭证

教学专用

13-2

固定资产验收单

2018年09月21日

代码	固定资产名称	型号规格	类别	签收数量	单位	金额（元）	使用部门	入账日期	增加方式	折旧方法	使用年限	预计净残值
01004	奥克斯中央空调挂机	MKS-781	器具、家具、工具	1	台	14957.26	总经办	2018/09/21	购入	年限平均法	5	747.86

教学专用　　13-3

付款申请单

申请部门：采购部　　2018 年 08 月 21 日　　编号：000007

收款单位	京州市大东空调销售有限公司		付款原因
银行账号	89264531928937		办公设备款
开户行	农行京州石皮路支行		
金额	⊗佰⊗拾壹万柒仟叁佰伍拾零元肆角贰分		
用款方式	转账支票	¥17350.42	

单位领导	财务主管	部门主管	经办人
郑快进	叶芳	王健	刘云

金蝶统一会计凭证账簿系列（SX03-F）金蝶妙想云联公司承印

教学专用　　13-4

交通银行
转账支票存根
36631102
72203413

附加信息

出票日期 2018 年 09 月 21 日

收款人：京州市大东空调销售有限公司
金　额：¥17,350.42
用　途：空调款

单位主管 叶芳　　会计 王小丽

上海证券印制有限公司·2018印制

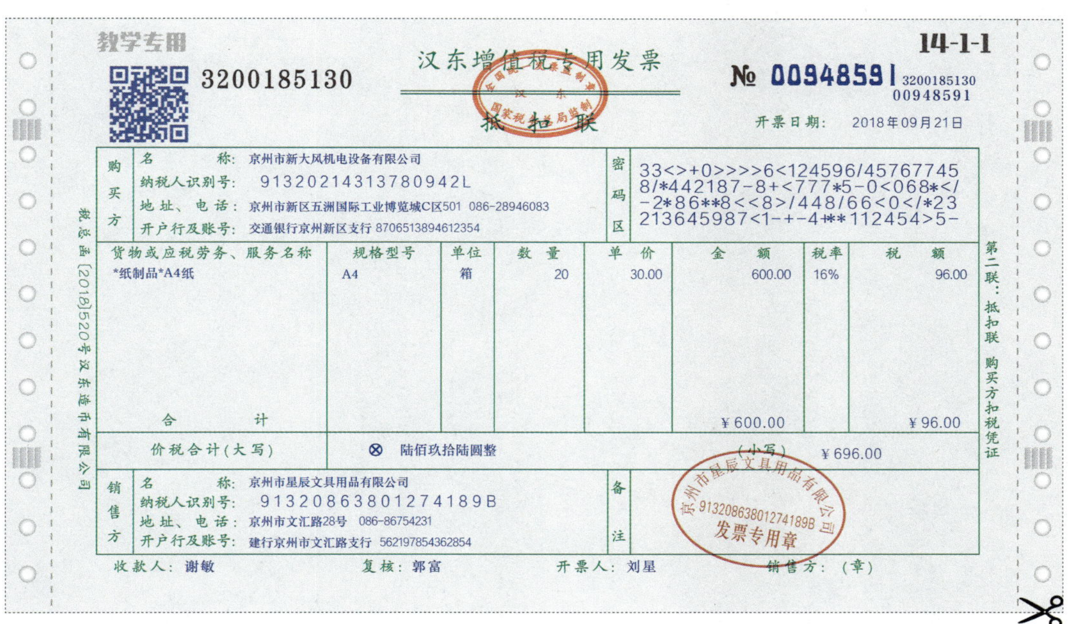

教学专用　　　　　　　　　　　　　　　　　　　　　　　　　　　　　　　　　14-1-1

3200185130　　**汉东增值税专用发票**　　№ 00948591　3200185130　00948591

抵扣联　　　　　　　　　　　　　　　　　　开票日期：2018年09月21日

购买方	名　　称：京州市新大风机电设备有限公司 纳税人识别号：91320214313780942L 地址、电话：京州市新区五洲国际工业博览城C区501 086-28946083 开户行及账号：交通银行京州新区支行 8706513894612354	密码区	33<>+0>>>>6<124596/45767745 8/*442187-8+<777*5-0<068*</ -2*86**8<<8>/448/66<0</*23 213645987<1-+-4**112454>5-

货物或应税劳务、服务名称	规格型号	单位	数量	单价	金额	税率	税额
*纸制品*A4纸	A4	箱	20	30.00	600.00	16%	96.00
合　　计					¥600.00		¥96.00
价税合计（大写）	⊗ 陆佰玖拾陆圆整				（小写）¥696.00		

销售方	名　　称：京州市星辰文具用品有限公司 纳税人识别号：91320863801274189B 地址、电话：京州市文汇路28号 086-86754231 开户行及账号：建行京州市文汇支行 562197854362854	备注	京州市星辰文具用品有限公司 91320863801274189B 发票专用章

收款人：谢敏　　复核：郭富　　开票人：刘星　　销售方：（章）

税总函[2018]520号汉东造币有限公司

第二联：抵扣联　购买方扣税凭证

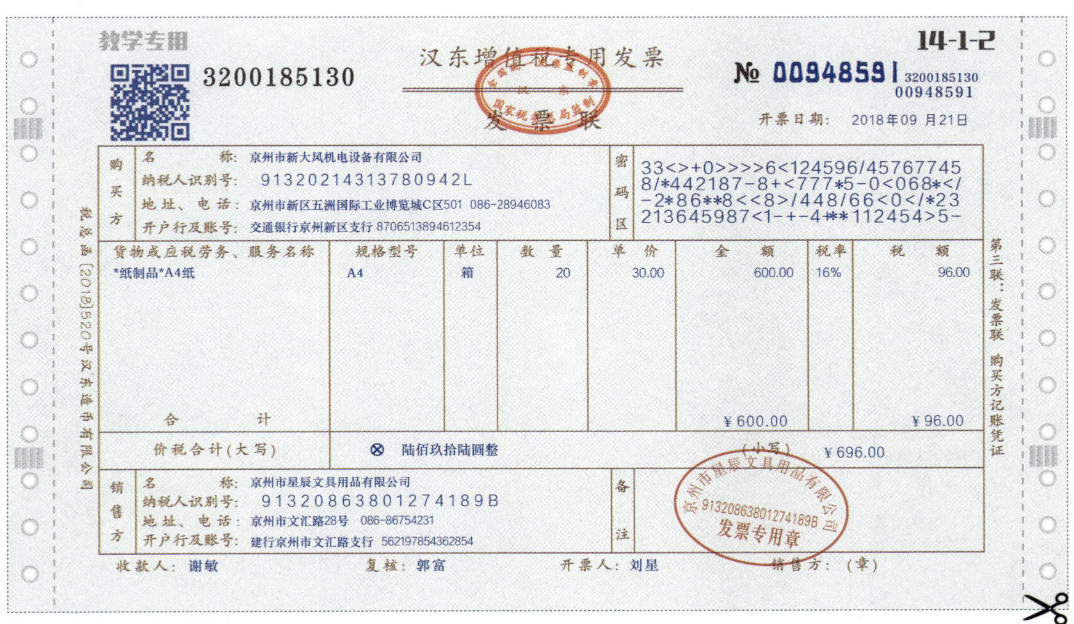

教学专用　　　　　　　　　　　　　　　　　　　　　　　　　　　　　　　　　14-1-2

3200185130　　**汉东增值税专用发票**　　№ 00948591　3200185130　00948591

发票联　　　　　　　　　　　　　　　　　　开票日期：2018年09 21日

购买方	名　　称：京州市新大风机电设备有限公司 纳税人识别号：91320214313780942L 地址、电话：京州市新区五洲国际工业博览城C区501 086-28946083 开户行及账号：交通银行京州新区支行 8706513894612354	密码区	33<>+0>>>>6<124596/45767745 8/*442187-8+<777*5-0<068*</ -2*86**8<<8>/448/66<0</*23 213645987<1-+-4**112454>5-

货物或应税劳务、服务名称	规格型号	单位	数量	单价	金额	税率	税额
*纸制品*A4纸	A4	箱	20	30.00	600.00	16%	96.00
合　　计					¥600.00		¥96.00
价税合计（大写）	⊗ 陆佰玖拾陆圆整				（小写）¥696.00		

销售方	名　　称：京州市星辰文具用品有限公司 纳税人识别号：91320863801274189B 地址、电话：京州市文汇路28号 086-86754231 开户行及账号：建行京州市文汇支行 562197854362854	备注	京州市星辰文具用品有限公司 91320863801274189B 发票专用章

收款人：谢敏　　复核：郭富　　开票人：刘星　　销售方：（章）

税总函[2018]520号汉东造币有限公司

第三联：发票联　购买方记账凭证

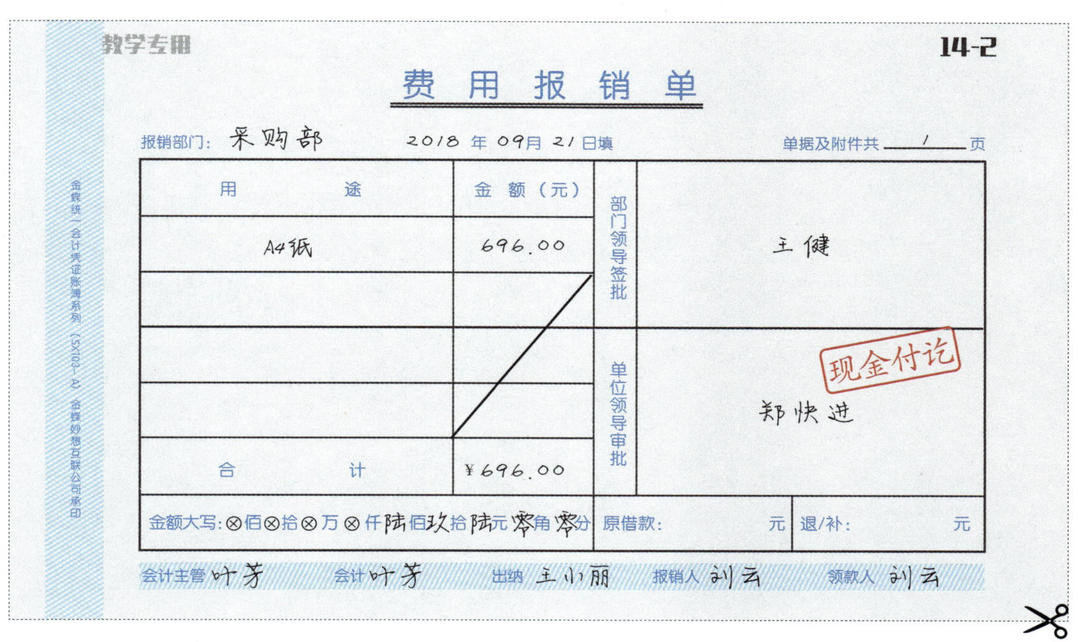

教学专用　　14-2

费用报销单

报销部门：采购部　　2018年09月21日填　　单据及附件共 1 页

用途	金额（元）	部门领导签批	王健
A4纸	696.00		
		单位领导审批	现金付讫 郑快进
合计	¥696.00		

金额大写：⊗佰⊗拾⊗万⊗仟陆佰玖拾陆元零角零分　原借款：　元　退/补：　元

会计主管 叶芳　会计 叶芳　出纳 王小丽　报销人 刘云　领款人 刘云

金蝶统一会计凭证账簿系列（SX103-A）金蝶妙想互联公司承印

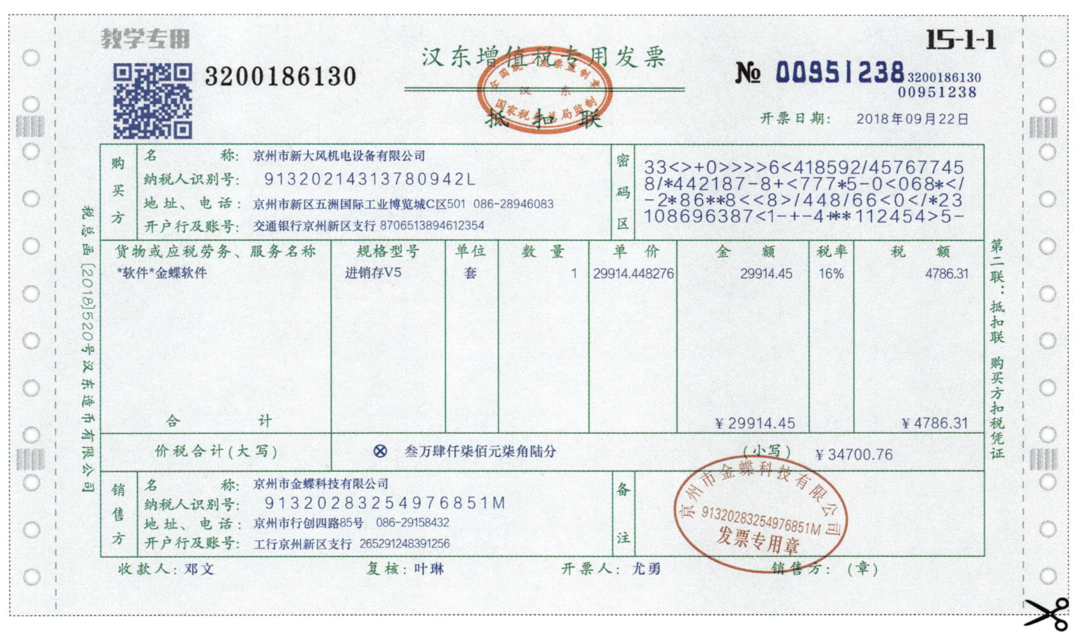

教学专用　　15-1-1

汉东增值税专用发票

3200186130　　№ 00951238　3200186130 00951238

抵扣联　　开票日期：2018年09月22日

购买方	名称：京州市新大风机电设备有限公司 纳税人识别号：91320214313780942L 地址、电话：京州市新区五洲国际工业博览城C区501 086-28946083 开户行及账号：交通银行京州新区支行 8706513894612354	密码区	33<>+0>>>>6<418592/45767745 8/*442187-8+<777*5-0<068*</ -2*86**8<<8>/448/66<0</*23 108696387<1-+-4**112454>5-

货物或应税劳务、服务名称	规格型号	单位	数量	单价	金额	税率	税额
*软件*金蝶软件	进销存V5	套	1	29914.448276	29914.45	16%	4786.31
合计					¥29914.45		¥4786.31
价税合计（大写）	⊗ 叁万肆仟柒佰元柒角陆分				（小写）¥34700.76		

销售方	名称：京州市金蝶科技有限公司 纳税人识别号：91320283254976851M 地址、电话：京州市行创四路85号 086-29158432 开户行及账号：工行京州新区支行 265291248391256	备注	京州市金蝶科技有限公司 91320283254976851M 发票专用章

收款人：邓文　复核：叶琳　开票人：尤勇　销售方：（章）

税总函[2018]520号汉东造币有限公司

第二联：抵扣联 购买方扣税凭证

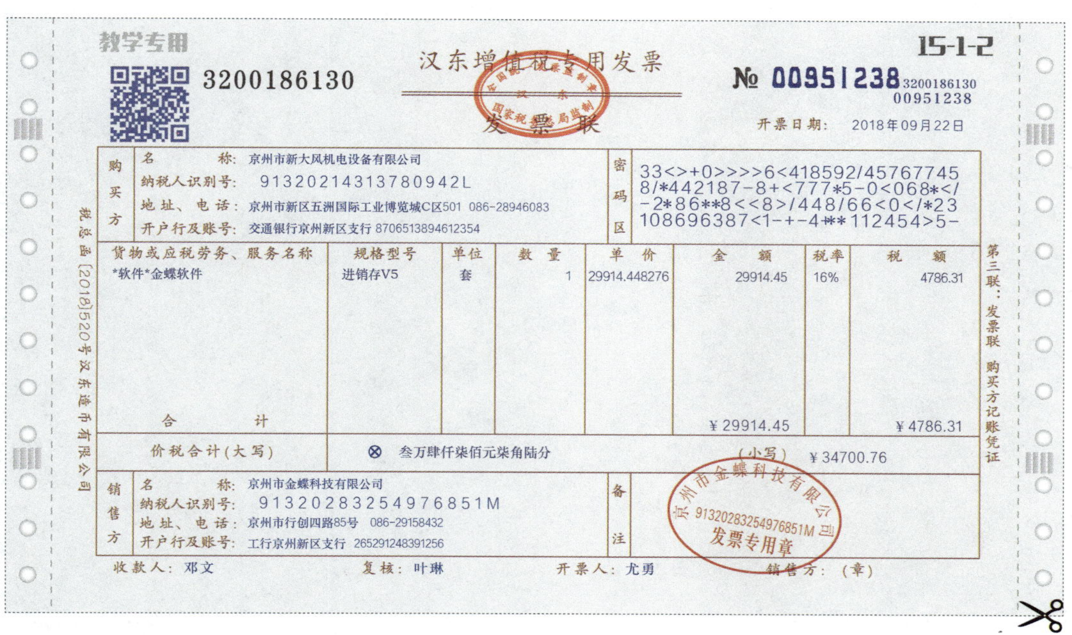

教学专用

15-1-2

汉东增值税专用发票

发票联

3200186130

№ 00951238 3200186130 00951238

开票日期：2018年09月22日

购买方	
名称：	京州市新大风机电设备有限公司
纳税人识别号：	91320214313780942L
地址、电话：	京州市新区五洲国际工业博览城C区501 086-28946083
开户行及账号：	交通银行京州新区支行 8706513894612354

密码区：
33<>+0>>>>6<418592/45767745
8/*442187-8+<777*5-0<068*</
-2*86**8<<8>/448/66<0</*23
108696387<1-+-4**112454>5-

货物或应税劳务、服务名称	规格型号	单位	数量	单价	金额	税率	税额
*软件*金蝶软件	进销存V5	套	1	29914.448276	29914.45	16%	4786.31
合计					¥29914.45		¥4786.31
价税合计（大写）	⊗叁万肆仟柒佰元柒角陆分				（小写）¥34700.76		

销售方	
名称：	京州市金蝶科技有限公司
纳税人识别号：	91320283254976851M
地址、电话：	京州市行创四路85号 086-29158432
开户行及账号：	工行京州新区支行 265291248391256

备注：京州市金蝶科技有限公司 91320283254976851M 发票专用章

收款人：邓文　复核：叶琳　开票人：尤勇　销售方：（章）

税总函[2018]520号汉东造币有限公司

第三联：发票联 购买方记账凭证

教学专用

15-2

付款申请单

申请部门：财务部　2018年09月22日　编号：000008

收款单位	京州市金蝶科技有限公司	付款原因
银行账号	265291248391256	财务软件款
开户行	工行京州新区支行	
金额	⊗佰⊗拾叁万肆仟柒佰零拾零元柒角陆分	
用款方式	转账　¥34700.76	

单位领导	财务主管	部门主管	经办人
郑快进	叶芳	叶芳	王小丽

金蝶统一会计凭证账簿系列（SD03-F）金蝶妙想互联公司承印

教学专用

15-3

交通银行 BANK OF COMMUNICATIONS	交通银行电子回单				
回单编号	713955264034	回单类型	支付结算	业务名称	支付汇兑
凭证种类		凭证号码		借贷标志	借方
账号	8706513894612354		主账号		
户名	京州市新大风机电设备有限公司				交通银行 业务受理章
开户行名称	交通银行京州新区支行				
对方账号	265291248391256				
对方户名	京州市金蝶科技有限公司				
对方开户行名称	工行京州新区支行				
币种	CNY	金额	34,700.76	金额大写	叁万肆仟柒佰元柒角陆分
兑换信息	--	币种		金额	0.00
牌价	0.00000000	币种		金额	0.00
摘要	财务软件				
附加信息					
打印次数	1	记账日期	2018-09-22	会计流水号	EEP0000004245723

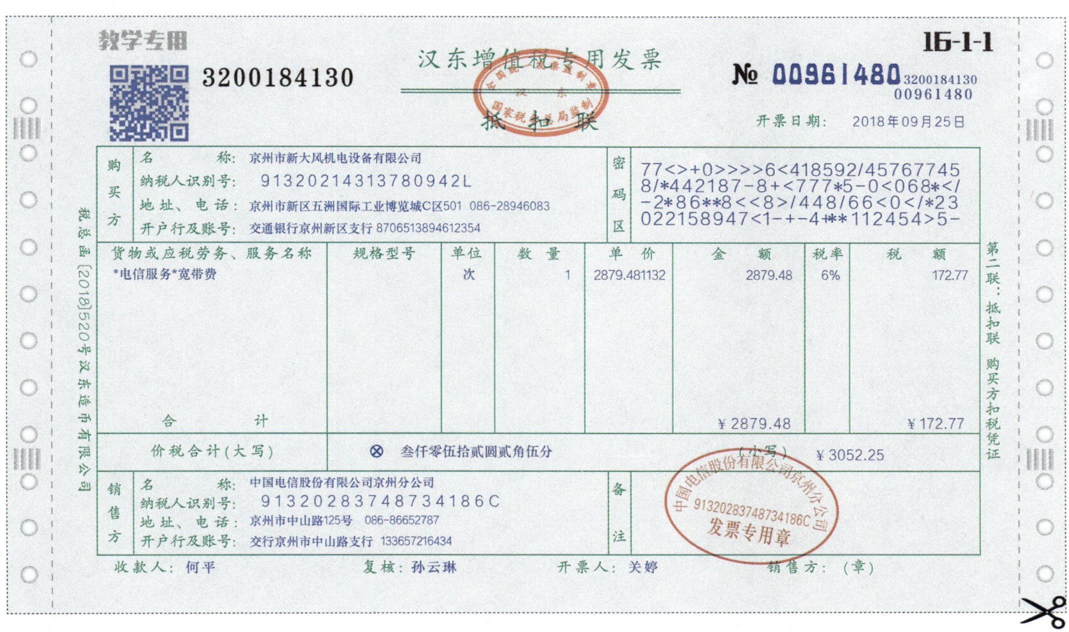

教学专用　16-1-1

3200184130　汉东增值税专用发票　№ 00961480 3200184130 00961480

抵扣联　开票日期： 2018年09月25日

购买方	名　　称：京州市新大风机电设备有限公司 纳税人识别号： 91320214313780942L 地 址、 电 话：京州市新区五洲国际工业博览城C区501 086-28946083 开户行及账号：交通银行京州新区支行 8706513894612354				密码区	77<>+0>>>>6<418592/45767745 8/*442187-8+<777*5-0<068*</ -2*86**8<<8>/448/66<0</*23 022158947<1-+-4***112454>5-		
货物或应税劳务、服务名称	规格型号	单位	数 量	单 价	金 额	税率	税 额	
*电信服务*宽带费		次	1	2879.481132	2879.48	6%	172.77	
合　计					¥2879.48		¥172.77	
价税合计（大写）	⊗ 叁仟零伍拾贰圆贰角伍分				（小写） ¥3052.25			
销售方	名　　称：中国电信股份有限公司京州分公司 纳税人识别号： 91320283748734186C 地 址、 电 话：京州市中山路125号 086-86652787 开户行及账号：交行京州市中山路支行 133657216434				备注	中国电信股份有限公司京州分公司 91320283748734186C 发票专用章		

收款人：何平　复核：孙云琳　开票人：关婷　销售方：（章）

税总函[2018]520号汉东造币有限公司

第二联：抵扣联 购买方扣税凭证

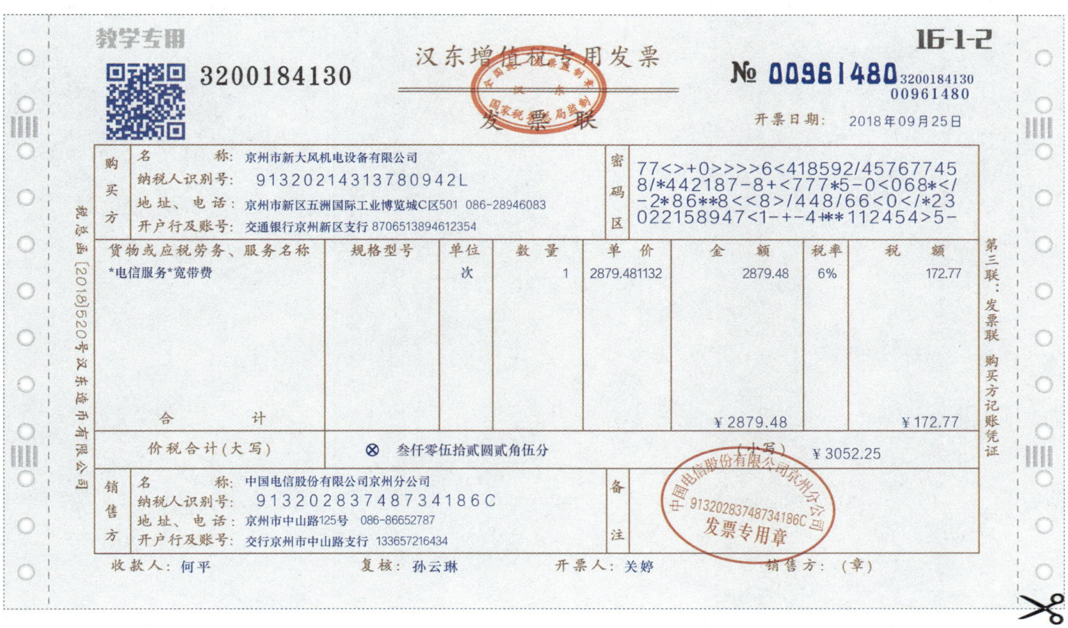

教学专用　　16-1-2

汉东增值税专用发票

3200184130　　№ 00961480　3200184130　00961480

发 票 联　　开票日期：2018年09月25日

购买方	名　　称：京州市新大风机电设备有限公司 纳税人识别号：91320214313780942L 地址、电话：京州市新区五洲国际工业博览城C区501 086-28946083 开户行及账号：交通银行京州新区支行 8706513894612354	密码区	77<>+0>>>>6<418592/45767745 8/*442187-8+<777*5-0<068*</ -2*86**8<<8>/448/66<0</*23 022158947<1-+-4**112454>5-

货物或应税劳务、服务名称	规格型号	单位	数量	单价	金额	税率	税额
*电信服务*宽带费		次	1	2879.481132	2879.48	6%	172.77
合　　计					¥2879.48		¥172.77
价税合计（大写）	⊗叁仟零伍拾贰圆贰角伍分				（小写）¥3052.25		

销售方	名　　称：中国电信股份有限公司京州分公司 纳税人识别号：91320283748734186C 地址、电话：京州市中山路125号 086-86652787 开户行及账号：交行京州市中山路支行 133657216434	备注	中国电信股份有限公司京州分公司 91320283748734186C 发票专用章

收款人：何平　　复核：孙云琳　　开票人：关婷　　销售方：（章）

税总函[2018]520号汉东造币有限公司

第三联：发票联　购买方记账凭证

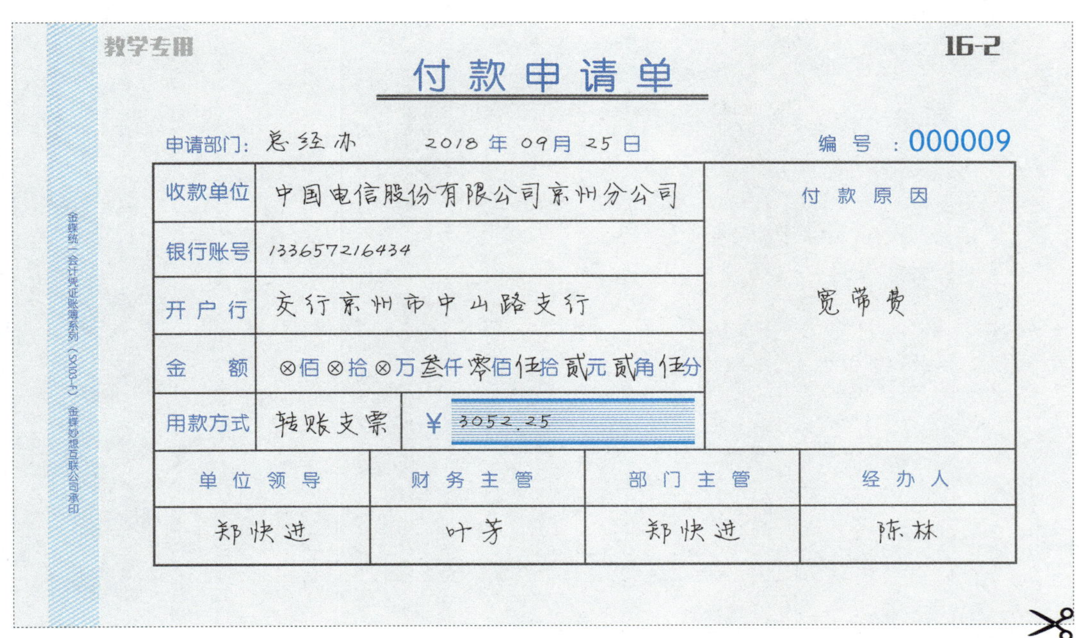

教学专用　　16-2

付款申请单

申请部门：总经办　　2018 年 09 月 25 日　　编号：000009

收款单位	中国电信股份有限公司京州分公司		付款原因
银行账号	133657216434		宽带费
开户行	交行京州市中山路支行		
金额	⊗佰⊗拾⊗万叁仟零佰伍拾贰元贰角伍分		
用款方式	转账支票	¥3052.25	

单位领导	财务主管	部门主管	经办人
郑快进	叶芽	郑快进	陈林

金蝶软件（会计凭证账簿系列）（SX003-F）金蝶财务联合公司承印

教学专用 16-3

交通银行
转账支票存根

36631102
72203414

附加信息

出票日期 2018 年 09 月 25 日

收款人：
中国电信股份有限公司京州分公司

金　额：¥3,052.25

用　途：宽带费

单位主管 叶芳　　会计 王小丽

上海证券印制有限公司·2018印制

教学专用 17-1

付款申请单

申请部门：财务部　　2018 年 09 月 26 日　　编　号：000010

收款单位	郑快进		付款原因
银行账号	8546 2354 9625 1815 648		
开户行	工商银行京州新区支行		归还郑快进代垫款
金　额	⊗佰⊗拾壹万玖仟零佰零拾零元零角零分		
用款方式	转账	¥19000.00	

单位领导	财务主管	部门主管	经办人
郑快进	叶芳	叶芳	王小丽

金蝶统一会计凭证账簿系列（SX03-F）金蝶妙想互联公司承印

教学专用

17-2

交通银行 BANK OF COMMUNICATIONS	交通银行电子回单				
回单编号	713955215487	回单类型	支付结算	业务名称	支付汇兑
凭证种类		凭证号码		借贷标志	借方
账号	8706513894612354		主账号		
户名	京州市新大风机电设备有限公司				交通银行 业务受理章
开户行名称	交通银行京州新区支行				
对方账号	8546235496251815648				
对方户名	郑快进				
对方开户行名称	工商银行京州新区支行				
币种	CNY	金额	19,000.00	金额大写	壹万玖仟元整
兑换信息	--	币种		金额	0.00
牌价	0.00000000	币种		金额	0.00
摘要	归还代垫款项				
附加信息					
打印次数	1	记账日期	2018-09-26	会计流水号	EEP0000004256127

教学专用

18-1

工资计提表

所属期限：2018年09月　　　　单位：元

部门	姓名	基本工资	满勤奖	加班	应发合计	应扣个人缴纳保险					税前合计	个人所得税	实发金额
						养老保险 8%	医疗保险 2%	失业保险 0.5%	住房公积金 8%	合　计			
总经办	郑快进	5000.00	150.00		5150.00	412.00	103.00	25.75	412.00	952.75	4197.25	20.92	4176.33
	陈林	5000.00	150.00		5150.00	412.00	103.00	25.75	412.00	952.75	4197.25	20.92	4176.33
财务部	叶芳	4500.00	150.00	150.00	4800.00	384.00	96.00	24.00	384.00	888.00	3912.00	12.36	3899.64
	王小丽	3500.00	150.00	50.00	3700.00	296.00	74.00	18.50	296.00	684.50	3015.50	0.00	3015.50
采购部	王健	4000.00	150.00	100.00	4250.00	340.00	85.00	21.25	340.00	786.25	3463.75	0.00	3463.75
	刘云	3800.00	150.00	150.00	4100.00	328.00	82.00	20.50	328.00	758.50	3341.50	0.00	3341.50
销售部	李闯	4500.00	150.00	100.00	4750.00	380.00	95.00	23.75	380.00	878.75	3871.25	11.14	3860.11
	高磊	4000.00	150.00	50.00	4200.00	336.00	84.00	21.00	336.00	777.00	3423.00	0.00	3423.00
仓库	卞青	3800.00	150.00	150.00	4100.00	328.00	82.00	20.50	328.00	758.50	3341.50	0.00	3341.50
合计		38100.00	1350.00	750.00	40200.00	3216.00	804.00	201.00	3216.00	7437.00	32763.00	65.34	32697.66

教学专用

19-1

社保分配表

所属期限：2018年09月

单位：元

部门	工资合计	企业							个人				合计					
		养老保险 20%	基本医疗保险 7%	补充医疗保险 0.9%	失业保险 1%	工伤保险 0.7%	生育保险 0.5%	合计	养老保险 8%	医疗保险 2%	失业保险 0.5%	合计	养老保险	医疗保险	失业保险	工伤保险	生育保险	合计
总经办	10300.00	2060.00	721.00	92.70	103.00	72.10	51.50	3100.30	824.00	206.00	51.50	1081.50	2884.00	1019.70	154.50	72.10	51.50	4181.80
财务部	8500.00	1700.00	595.00	76.50	85.00	59.50	42.50	2558.50	680.00	170.00	42.50	892.50	2380.00	841.50	127.50	59.50	42.50	3451.00
采购部	8350.00	1670.00	584.50	75.15	83.50	58.45	41.75	2513.35	668.00	167.00	41.75	876.75	2338.00	826.65	125.25	58.45	41.75	3390.10
销售部	8950.00	1790.00	626.50	80.55	89.50	62.65	44.75	2693.95	716.00	179.00	44.75	939.75	2506.00	886.05	134.25	62.65	44.75	3633.70
仓库	4100.00	820.00	287.00	36.90	41.00	28.70	20.50	1234.10	328.00	82.00	20.50	430.50	1148.00	405.90	61.50	28.70	20.50	1664.60
合计	40200.00	8040.00	2814.00	361.80	402.00	281.40	201.00	12100.20	3216.00	804.00	201.00	4221.00	11256.00	3979.80	603.00	281.40	201.00	16321.20

教学专用

19-2

公积金分配表

所属期限：2018年09月

单位：元

部门	工资合计	单位应缴	个人应缴
总经办	10300.00	824.00	824.00
财务部	8500.00	680.00	680.00
采购部	8350.00	668.00	668.00
销售部	8950.00	716.00	716.00
仓库	4100.00	328.00	328.00
合计	40200.00	3216.00	3216.00

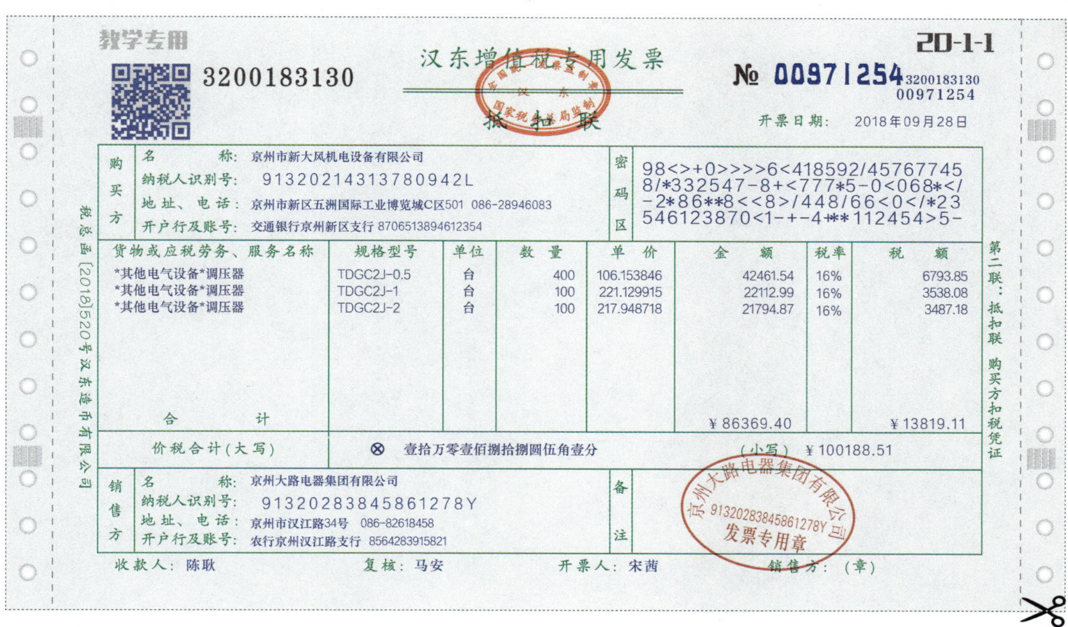

教学专用

20-1-1

汉东增值税专用发票

3200183130

№ 00971254 3200183130 00971254

抵扣联

开票日期：2018年09月28日

购买方	名称：京州市新大风机电设备有限公司 纳税人识别号：91320214313780942L 地址、电话：京州市新区五洲国际工业博览城C区501 086-28946083 开户行及账号：交通银行京州新区支行 8706513894612354	密码区	98<>+0>>>>6<418592/45767745 8/*332547-8+<777*5-0<068*</ -2*86**8<<8>/448/66<0</*23 546123870<1-+-4**112454>5-

货物或应税劳务、服务名称	规格型号	单位	数量	单价	金额	税率	税额
*其他电气设备*调压器	TDGC2J-0.5	台	400	106.153846	42461.54	16%	6793.85
*其他电气设备*调压器	TDGC2J-1	台	100	221.129915	22112.99	16%	3538.08
*其他电气设备*调压器	TDGC2J-2	台	100	217.948718	21794.87	16%	3487.18
合计					¥86369.40		¥13819.11
价税合计（大写）	⊗ 壹拾万零壹佰捌拾捌圆伍角壹分				（小写）¥100188.51		

销售方	名称：京州大路电器集团有限公司 纳税人识别号：91320283845861278Y 地址、电话：京州市汉江路34号 086-82618458 开户行及账号：农行京州汉江路支行 8564283915821	备注	

收款人：陈耿　复核：马安　开票人：宋茜　销售方：（章）

税总函[2018]520号汉东造币有限公司

第二联：抵扣联 购买方扣税凭证

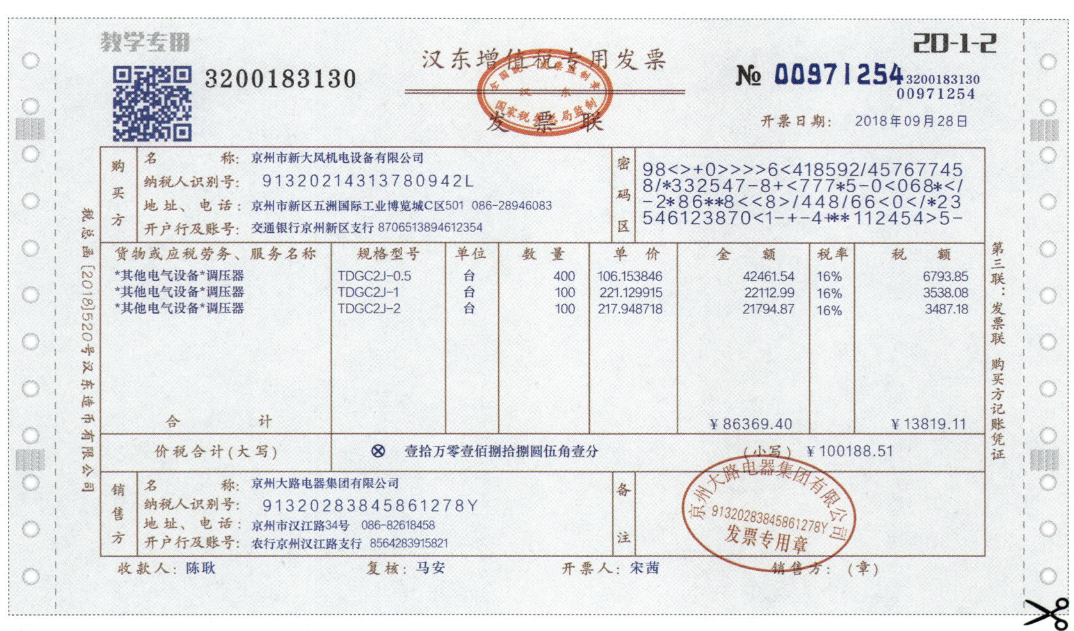

教学专用

20-1-2

汉东增值税专用发票

3200183130

№ 00971254 3200183130 00971254

发票联

开票日期：2018年09月28日

购买方	名称：京州市新大风机电设备有限公司 纳税人识别号：91320214313780942L 地址、电话：京州市新区五洲国际工业博览城C区501 086-28946083 开户行及账号：交通银行京州新区支行 8706513894612354	密码区	98<>+0>>>>6<418592/45767745 8/*332547-8+<777*5-0<068*</ -2*86**8<<8>/448/66<0</*23 546123870<1-+-4**112454>5-

货物或应税劳务、服务名称	规格型号	单位	数量	单价	金额	税率	税额
*其他电气设备*调压器	TDGC2J-0.5	台	400	106.153846	42461.54	16%	6793.85
*其他电气设备*调压器	TDGC2J-1	台	100	221.129915	22112.99	16%	3538.08
*其他电气设备*调压器	TDGC2J-2	台	100	217.948718	21794.87	16%	3487.18
合计					¥86369.40		¥13819.11
价税合计（大写）	⊗ 壹拾万零壹佰捌拾捌圆伍角壹分				（小写）¥100188.51		

销售方	名称：京州大路电器集团有限公司 纳税人识别号：91320283845861278Y 地址、电话：京州市汉江路34号 086-82618458 开户行及账号：农行京州汉江路支行 8564283915821	备注	

收款人：陈耿　复核：马安　开票人：宋茜　销售方：（章）

税总函[2018]520号汉东造币有限公司

第三联：发票联 购买方记账凭证

教学专用

20-2

入库单

2018 年 09 月 28 日　　No. 1145031

单位（部门）：仓库

货号	品名及规格	单位	数量	单价	金额	备注
	1 TDGC2J-0.5	台	400	106.153846	42461.54	
	2 TDGC2J-1	台	100	221.129915	22112.99	
	3 TDGC2J-2	台	100	217.948718	21794.87	
	4					
	5					
合计					86369.40	

①存根（白）②记账（红）③回执（黄）

主管 王健　会计　记账 叶芳　保管　验收 刘云　制单 刘云

教学专用

20-3

付款申请单

申请部门：采购部　2018 年 09 月 28 日　编号：000011

收款单位	京州大路电器集团有限公司		付款原因
银行账号	8564283915821		购货款
开户行	农行京州汉江路支行		
金额	⊗佰壹拾零万零仟壹佰捌拾捌元伍角壹分		
用款方式	转账	￥100188.51	

单位领导	财务主管	部门主管	经办人
郑快进	叶芳	叶芳	刘云

金蝶统一会计凭证账簿系列（SX03-F）金蝶妙想互联公司承印

教学专用　　20-4

交通银行 BANK OF COMMUNICATIONS	交通银行电子回单				
回单编号	713955426295	回单类型	支付结算	业务名称	支付汇兑
凭证种类		凭证号码		借贷标志	借方
账号	8706513894612354	主账号			
户名	京州市新大风机电设备有限公司			交通银行 业务受理章	
开户行名称	交通银行京州新区支行				
对方账号	8564283915821				
对方户名	京州大路电器集团有限公司				
对方开户行名称	农行京州汉江路支行				
币种	CNY	金额	100,188.51	金额大写	壹拾万零壹佰捌拾捌元伍角壹分
兑换信息	--	币种		金额	0.00
牌价	0.00000000	币种		金额	0.00
摘要	购货款				
附加信息					
打印次数	1	记账日期	2018-09-28	会计流水号	EEP0000004256216

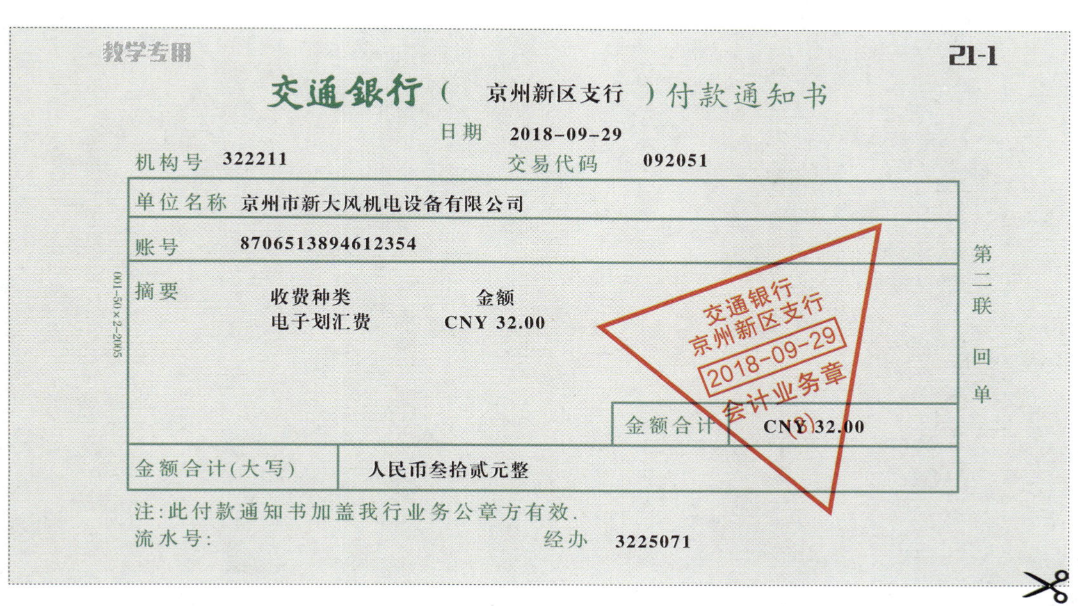
教学专用　　21-1

交通银行（京州新区支行）付款通知书

日期 2018-09-29

机构号 322211　　交易代码 092051

单位名称	京州市新大风机电设备有限公司	
账号	8706513894612354	
摘要	收费种类 电子划汇费　金额 CNY 32.00	
	金额合计	CNY 32.00
金额合计（大写）	人民币叁拾贰元整	

注：此付款通知书加盖我行业务公章方有效.

流水号：　　经办 3225071

第二联 回单

001-50×2-2005

教学专用

无形资产摊销明细表

22-1

所属期限：2018年09月

单位：元

项目	金额	摊销时间	摊销期（月）	月摊销额	本年摊销额	累计摊销额	净值
金蝶软件	29914.45	2018.09-2028.08	120	249.29	249.29	249.29	29665.16

教学专用

租金管理摊销表

23-1

所属期限：2018年09月

单位：元

项目	金额	摊销期间	摊销期（月）	月摊销额	本年摊销额	累计摊销额	剩余摊销金额
房租	18000.00	2018.09-2018.11	3	6000.00	6000.00	6000.00	12000.00

六、2018 年 10 月商业企业经营期业务票据

1-1

付款申请单

申请部门：采购部　　2018 年 10 月 01 日　　编　号：000012

收款单位	浙江玉珠电器集团有限公司		付款原因
银行账号	63289517643283		
开户行	建行温州南华路支行		预付货款
金　额	⊗佰⊗拾伍万零仟零佰零拾零元零角零分		
用款方式	转账	¥ 50000.00	

单位领导	财务主管	部门主管	经办人
郑快进	叶芳	王健	刘云

1-2

交通银行 BANK OF COMMUNICATIONS　　交通银行电子回单

回单编号	713961102210	回单类型	支付结算	业务名称	支付汇兑
凭证种类		凭证号码		借贷标志	借方
账号	8706513894612354		主账号		
户名	京州市新大风机电设备有限公司				交通银行 业务受理章
开户行名称	交通银行京州新区支行				
对方账号	63289517643283				
对方户名	浙江玉珠电器集团有限公司				
对方开户行名称	建行温州南华路支行				
币种	CNY	金额	50,000.00	金额大写	伍万元整
兑换信息	--	币种		金额	0.00
牌价	0.00000000	币种		金额	0.00
摘要	预付货款				
附加信息					
打印次数	1	记账日期	2018-10-01	会计流水号	EEP0000004120110

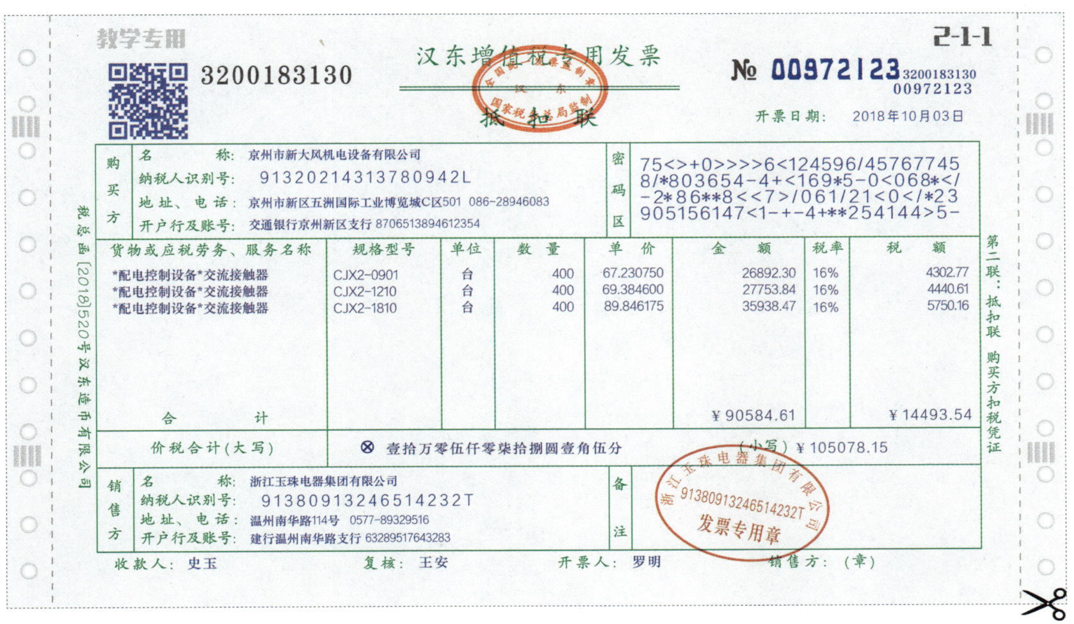

教学专用

2-1-1

3200183130

汉东增值税专用发票

抵扣联

№ 00972123 3200183130 00972123

开票日期：2018年10月03日

税总函[2018]520号汉东造币有限公司

购买方	名称：京州市新大风机电设备有限公司 纳税人识别号：91320214313780942L 地址、电话：京州市新区五洲国际工业博览城C区501 086-28946083 开户行及账号：交通银行京州新区支行 8706513894612354	密码区	75<>+0>>>>6<124596/45767745 8/*803654-4+<169*5-0<068*</ -2*86**8<<7>/061/21<0</*23 905156147<1-+-4+**254144>5-

货物或应税劳务、服务名称	规格型号	单位	数量	单价	金额	税率	税额
*配电控制设备*交流接触器	CJX2-0901	台	400	67.230750	26892.30	16%	4302.77
*配电控制设备*交流接触器	CJX2-1210	台	400	69.384600	27753.84	16%	4440.61
*配电控制设备*交流接触器	CJX2-1810	台	400	89.846175	35938.47	16%	5750.16
合计					¥90584.61		¥14493.54
价税合计（大写）	⊗ 壹拾万零伍仟零柒拾捌圆壹角伍分				（小写）¥105078.15		

销售方	名称：浙江玉珠电器集团有限公司 纳税人识别号：91380913246514232T 地址、电话：温州南华路114号 0577-89329516 开户行及账号：建行温州南华路支行 63289517643283	备注	浙江玉珠电器集团有限公司 91380913246514232T 发票专用章

收款人：史玉　　复核：王安　　开票人：罗明　　销售方：（章）

第二联：抵扣联　购买方扣税凭证

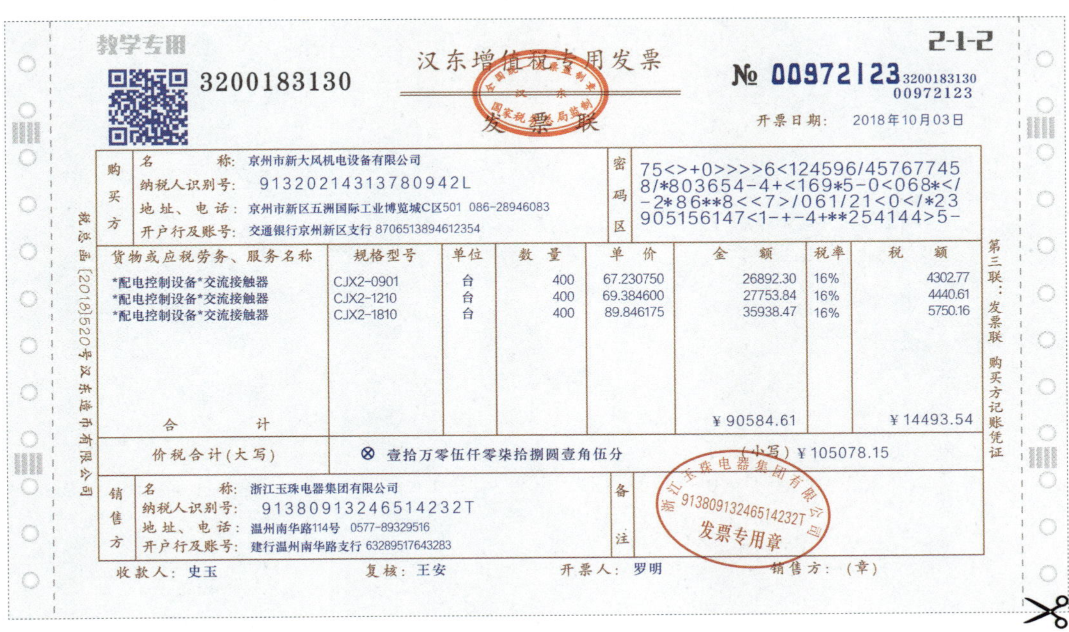

教学专用

2-1-2

3200183130

汉东增值税专用发票

发票联

№ 00972123 3200183130 00972123

开票日期：2018年10月03日

税总函[2018]520号汉东造币有限公司

购买方	名称：京州市新大风机电设备有限公司 纳税人识别号：91320214313780942L 地址、电话：京州市新区五洲国际工业博览城C区501 086-28946083 开户行及账号：交通银行京州新区支行 8706513894612354	密码区	75<>+0>>>>6<124596/45767745 8/*803654-4+<169*5-0<068*</ -2*86**8<<7>/061/21<0</*23 905156147<1-+-4+**254144>5-

货物或应税劳务、服务名称	规格型号	单位	数量	单价	金额	税率	税额
*配电控制设备*交流接触器	CJX2-0901	台	400	67.230750	26892.30	16%	4302.77
*配电控制设备*交流接触器	CJX2-1210	台	400	69.384600	27753.84	16%	4440.61
*配电控制设备*交流接触器	CJX2-1810	台	400	89.846175	35938.47	16%	5750.16
合计					¥90584.61		¥14493.54
价税合计（大写）	⊗ 壹拾万零伍仟零柒拾捌圆壹角伍分				（小写）¥105078.15		

销售方	名称：浙江玉珠电器集团有限公司 纳税人识别号：91380913246514232T 地址、电话：温州南华路114号 0577-89329516 开户行及账号：建行温州南华路支行 63289517643283	备注	浙江玉珠电器集团有限公司 91380913246514232T 发票专用章

收款人：史玉　　复核：王安　　开票人：罗明　　销售方：（章）

第三联：发票联　购买方记账凭证

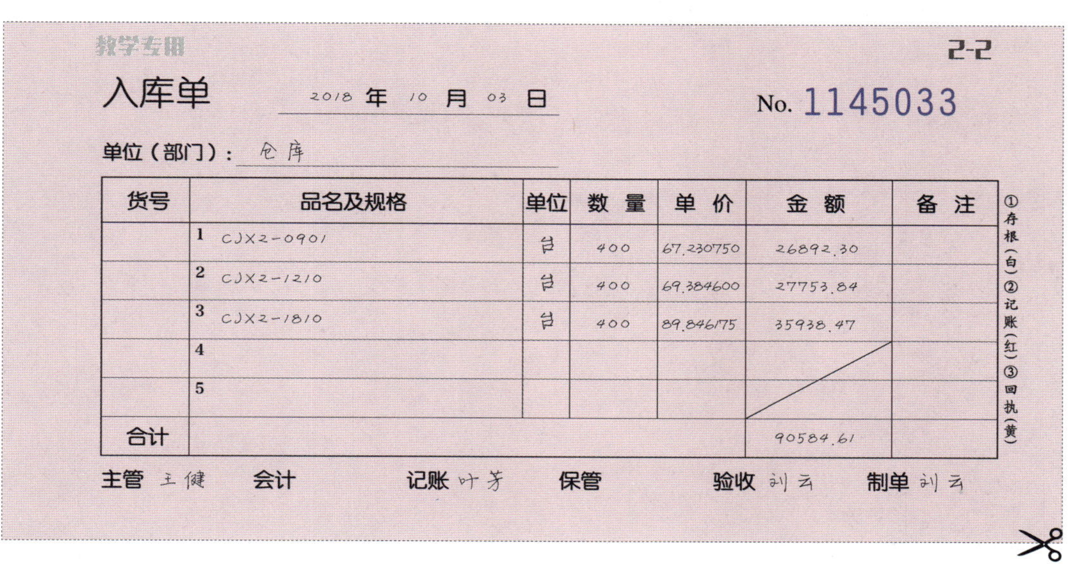

教学专用　　2-2

入库单

2018 年 10 月 03 日　　No. 1145033

单位（部门）：仓库

货号	品名及规格	单位	数量	单价	金额	备注
	1 CJX2-0901	台	400	67.230750	26892.30	
	2 CJX2-1210	台	400	69.384600	27753.84	
	3 CJX2-1810	台	400	89.846175	35938.47	
	4					
	5					
合计					90584.61	

①存根（白）②记账（红）③回执（黄）

主管 王健　会计　记账 叶芳　保管　验收 刘云　制单 刘云

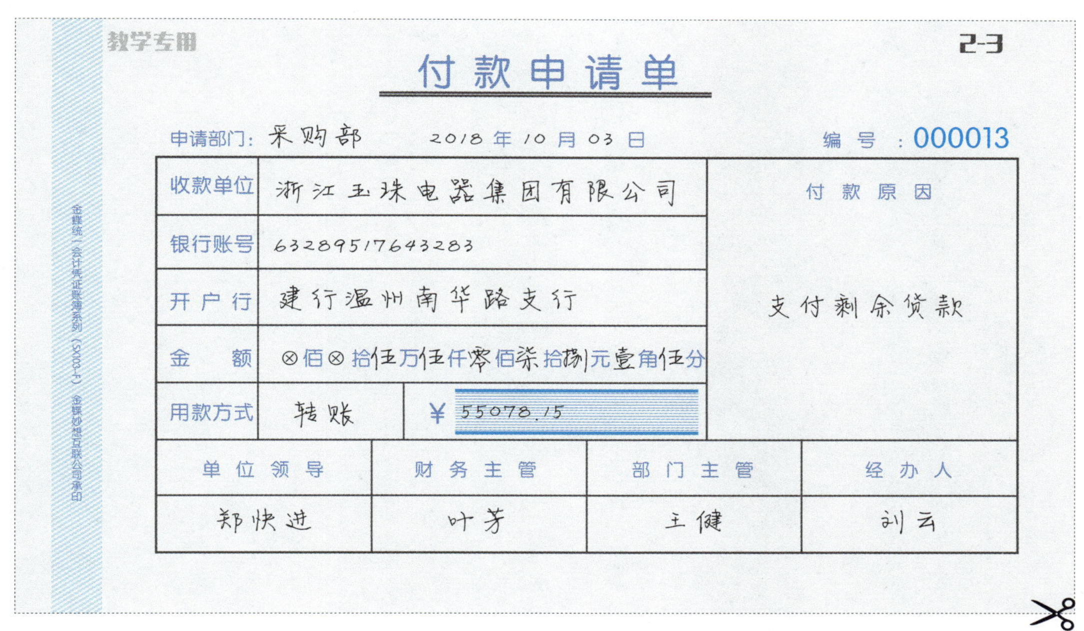

教学专用　　2-3

付款申请单

申请部门：采购部　2018 年 10 月 03 日　编号：000013

收款单位	浙江玉珠电器集团有限公司		付款原因
银行账号	63289517643283		支付剩余货款
开户行	建行温州南华路支行		
金额	⊗佰⊗拾伍万伍仟零佰柒拾捌元壹角伍分		
用款方式	转账	¥55078.15	

单位领导	财务主管	部门主管	经办人
郑快进	叶芳	王健	刘云

金蝶统一会计凭证账簿系列（SX003-F）金蝶软件股份有限公司承印

教学专用

2-4

交通银行 BANK OF COMMUNICATIONS

交通银行电子回单

回单编号	713961114510	回单类型	支付结算	业务名称	支付汇兑
凭证种类		凭证号码		借贷标志	借方
账号	8706513894612354		主账号		
户名	京州市新大风机电设备有限公司				交通银行 业务受理章
开户行名称	交通银行京州新区支行				
对方账号	63289517643283				
对方户名	浙江玉珠电器集团有限公司				
对方开户行名称	建行温州南华路支行				
币种	CNY	金额	55,078.15	金额大写	伍万伍仟零柒拾捌元壹角伍分
兑换信息	--	币种		金额	0.00
牌价	0.00000000	币种		金额	0.00
摘要	货款				
附加信息					
打印次数	1	记账日期	2018-10-03	会计流水号	EEP0000004120128

教学专用

3-1

借款审批单

2018 年 10 月 04 日

部门	销售部	借款人	高磊
借款事由	预支差旅费		
借款金额	(大写)⊗佰 ⊗拾 ⊗万 叁仟 零佰 零拾 零元 零角 零分		
预计还款报销日期	现金付讫		¥3000.00
领导批示	郑快进	借款人签收	高磊 2018 年 10 月 04 日

财务主管 叶芳　会计 叶芳　出纳 王小丽　部门主管 李闯

(SX103-C)

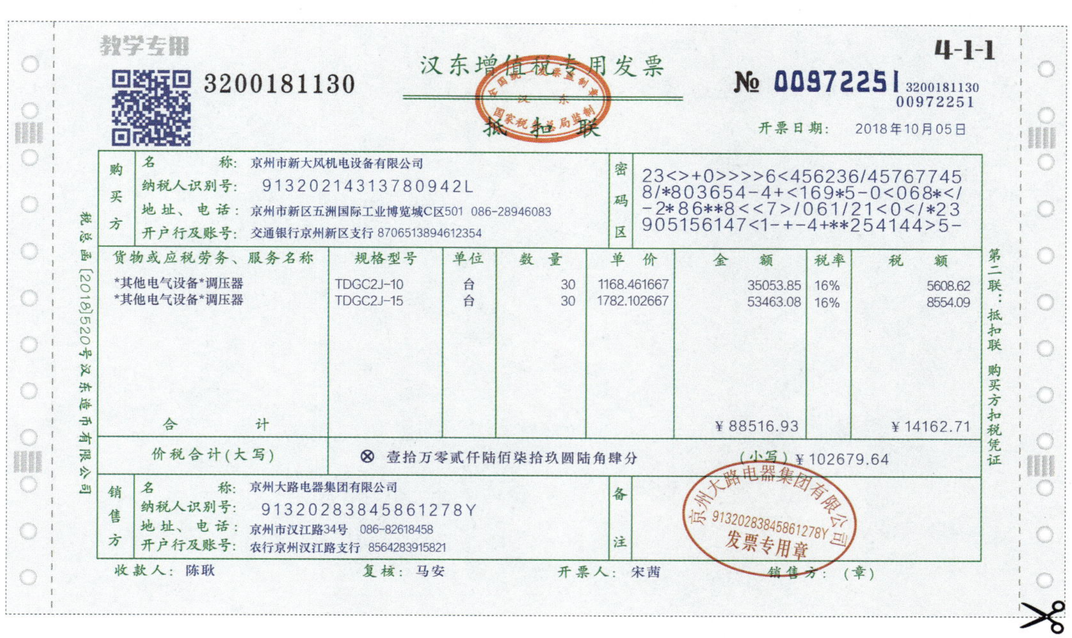

教学专用

4-1-1

3200181130

汉东增值税专用发票

抵扣联

№ 00972251 3200181130 00972251

开票日期：2018年10月05日

购买方
名称：京州市新大风机电设备有限公司
纳税人识别号：91320214313780942L
地址、电话：京州市新区五洲国际工业博览城C区501 086-28946083
开户行及账号：交通银行京州新区支行 8706513894612354

密码区
23<>+0>>>>6<456236/45767745
8/*803654-4+<169*5-0<068*</
-2*86**8<<7>/061/21<0</*23
905156147<1-+-4+**254144>5-

货物或应税劳务、服务名称	规格型号	单位	数量	单价	金额	税率	税额
*其他电气设备*调压器	TDGC2J-10	台	30	1168.461667	35053.85	16%	5608.62
*其他电气设备*调压器	TDGC2J-15	台	30	1782.102667	53463.08	16%	8554.09
合计					¥88516.93		¥14162.71

价税合计（大写） ⊗壹拾万零贰仟陆佰柒拾玖圆陆角肆分 （小写）¥102679.64

销售方
名称：京州大路电器集团有限公司
纳税人识别号：91320283845861278Y
地址、电话：京州市汉江路34号 086-82618458
开户行及账号：农行京州汉江路支行 8564283915821

备注

京州大路电器集团有限公司 91320283845861278Y 发票专用章

收款人：陈耿　复核：马安　开票人：宋茜　销售方：（章）

税总函[2018]520号汉东造币有限公司

第二联：抵扣联 购买方扣税凭证

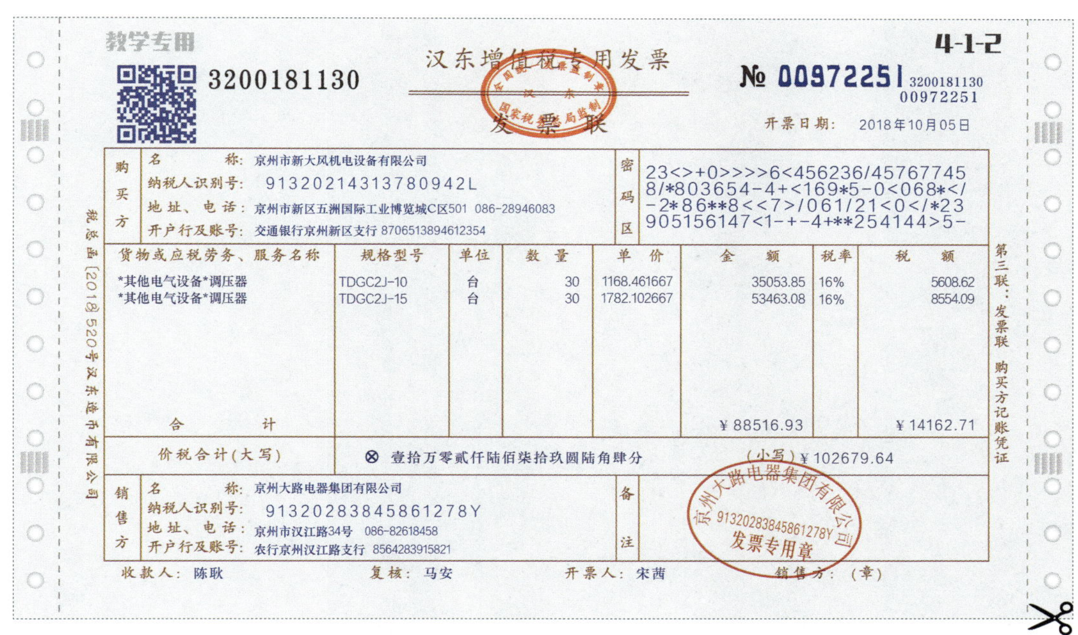

教学专用

4-1-2

3200181130

汉东增值税专用发票

发票联

№ 00972251 3200181130 00972251

开票日期：2018年10月05日

购买方
名称：京州市新大风机电设备有限公司
纳税人识别号：91320214313780942L
地址、电话：京州市新区五洲国际工业博览城C区501 086-28946083
开户行及账号：交通银行京州新区支行 8706513894612354

密码区
23<>+0>>>>6<456236/45767745
8/*803654-4+<169*5-0<068*</
-2*86**8<<7>/061/21<0</*23
905156147<1-+-4+**254144>5-

货物或应税劳务、服务名称	规格型号	单位	数量	单价	金额	税率	税额
*其他电气设备*调压器	TDGC2J-10	台	30	1168.461667	35053.85	16%	5608.62
*其他电气设备*调压器	TDGC2J-15	台	30	1782.102667	53463.08	16%	8554.09
合计					¥88516.93		¥14162.71

价税合计（大写） ⊗壹拾万零贰仟陆佰柒拾玖圆陆角肆分 （小写）¥102679.64

销售方
名称：京州大路电器集团有限公司
纳税人识别号：91320283845861278Y
地址、电话：京州市汉江路34号 086-82618458
开户行及账号：农行京州汉江路支行 8564283915821

备注

京州大路电器集团有限公司 91320283845861278Y 发票专用章

收款人：陈耿　复核：马安　开票人：宋茜　销售方：（章）

税总函[2018]520号汉东造币有限公司

第三联：发票联 购买方记账凭证

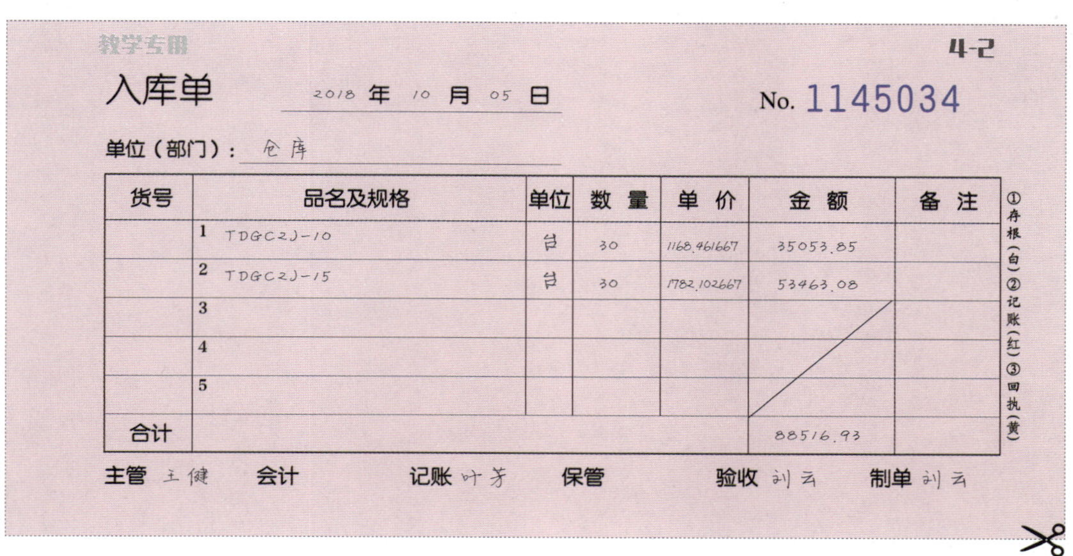

4-2

入库单

2018 年 10 月 05 日　　No. 1145034

单位（部门）：仓库

货号	品名及规格	单位	数 量	单 价	金 额	备 注
	1 TDGC2J-10	台	30	1168.461667	35053.85	
	2 TDGC2J-15	台	30	1782.102667	53463.08	
	3					
	4					
	5					
合计					88516.93	

①存根（白）②记账（红）③回执（黄）

主管 王健　会计　记账 叶芳　保管　验收 刘云　制单 刘云

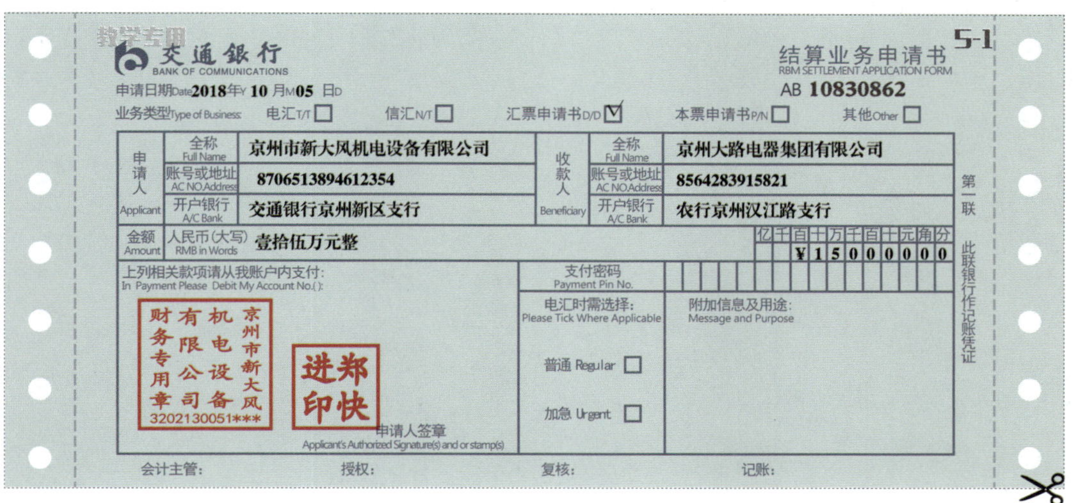

交通银行 BANK OF COMMUNICATIONS　　5-1

结算业务申请书 RBM SETTLEMENT APPLICATION FORM

申请日期Date 2018 年Y 10 月M 05 日D　　AB 10830862

业务类型Type of Business　电汇T/T □　信汇N/T □　汇票申请书D/D ☑　本票申请书P/N □　其他Other □

申请人 Applicant		收款人 Beneficiary	
全称 Full Name	京州市新大风机电设备有限公司	全称 Full Name	京州大路电器集团有限公司
账号或地址 AC NO.Address	8706513894612354	账号或地址 AC NO.Address	8564283915821
开户银行 A/C Bank	交通银行京州新区支行	开户银行 A/C Bank	农行京州汉江路支行

金额 Amount	人民币（大写）RMB in Words	壹拾伍万元整	亿	千	百	十	万	千	百	十	元	角	分
					¥	1	5	0	0	0	0	0	0

上列相关款项请从我账户内支付：In Payment Please Debit My Account No.( ):

京州市新大风机电设备有限公司财务专用章 3202130051***

郑进印快

申请人签章 Applicant's Authorized Signature(s) and or stamp(s)

支付密码 Payment Pin No.

电汇时需选择：Please Tick Where Applicable　普通 Regular □　加急 Urgent □

附加信息及用途：Message and Purpose

第一联 此联银行作记账凭证

会计主管：　授权：　复核：　记账：

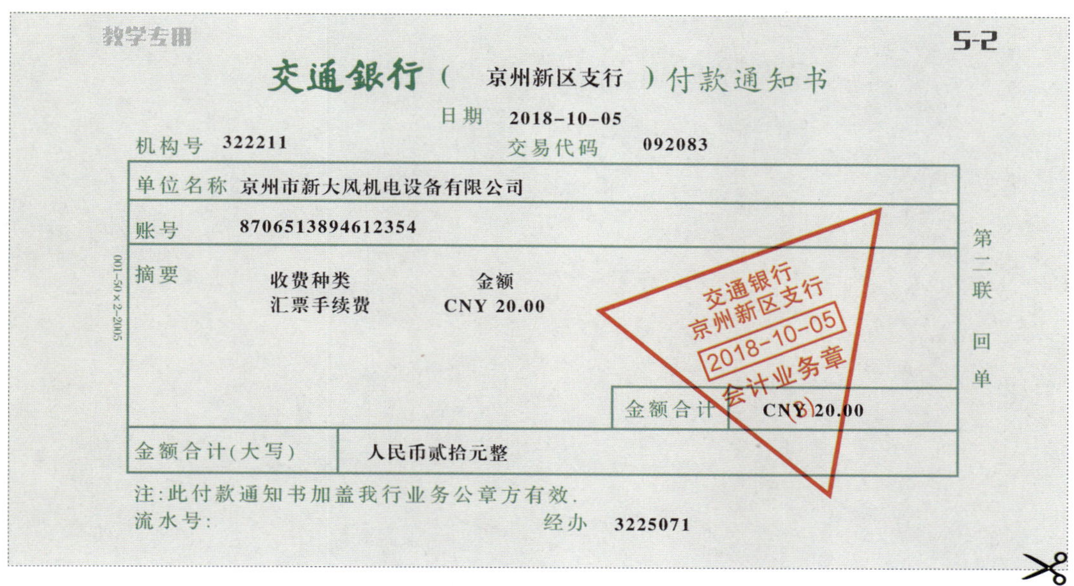

教学专用 5-2

交通银行（ 京州新区支行 ）付款通知书

日期 2018-10-05

机构号 322211　　　交易代码 092083

单位名称	京州市新大风机电设备有限公司		
账号	8706513894612354		
摘要	收费种类　汇票手续费 金额　CNY 20.00		
		金额合计	CNY 20.00
金额合计(大写)	人民币贰拾元整		

注：此付款通知书加盖我行业务公章方有效.

流水号：　　　经办 3225071

第二联 回单

001-50×2-2005

交通银行 京州新区支行 2018-10-05 会计业务章 (6)

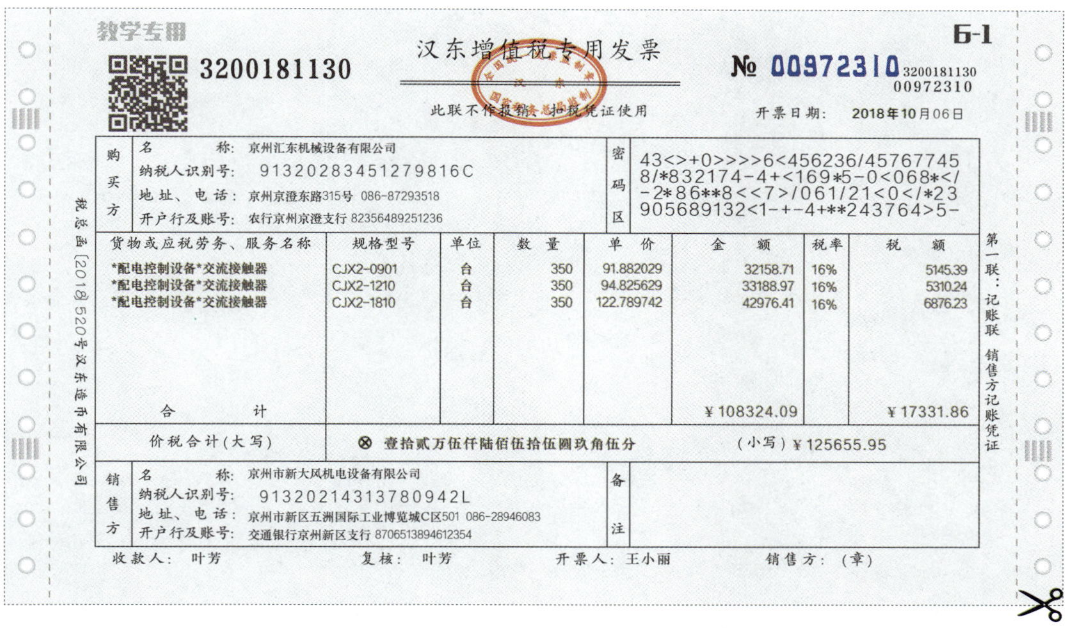

教学专用 6-1

汉东增值税专用发票

3200181130　　№ 00972310　3200181130 00972310

此联不作报销、扣税凭证使用　　开票日期：2018年10月06日

购买方	名称：京州汇东机械设备有限公司 纳税人识别号：91320283451279816C 地址、电话：京州京澄东路315号 086-87293518 开户行及账号：农行京州京澄支行 82356489251236	密码区	43<>+0>>>>6<456236/45767745 8/*832174-4+<169*5-0<068*</ -2*86**8<<7>/061/21<0</*23 905689132<1-+-4+**243764>5-

货物或应税劳务、服务名称	规格型号	单位	数量	单价	金额	税率	税额
*配电控制设备*交流接触器	CJX2-0901	台	350	91.882029	32158.71	16%	5145.39
*配电控制设备*交流接触器	CJX2-1210	台	350	94.825629	33188.97	16%	5310.24
*配电控制设备*交流接触器	CJX2-1810	台	350	122.789742	42976.41	16%	6876.23
合计					￥108324.09		￥17331.86
价税合计(大写)	⊗ 壹拾贰万伍仟陆佰伍拾伍圆玖角伍分				（小写）￥125655.95		

销售方	名称：京州市新大风机电设备有限公司 纳税人识别号：91320214313780942L 地址、电话：京州市新区五洲国际工业博览城C区501 086-28946083 开户行及账号：交通银行京州新区支行 8706513894612354	备注	

收款人：叶芳　　复核：叶芳　　开票人：王小丽　　销售方：（章）

第一联：记账联 销售方记账凭证

税总函[2018]520号汉东造币有限公司

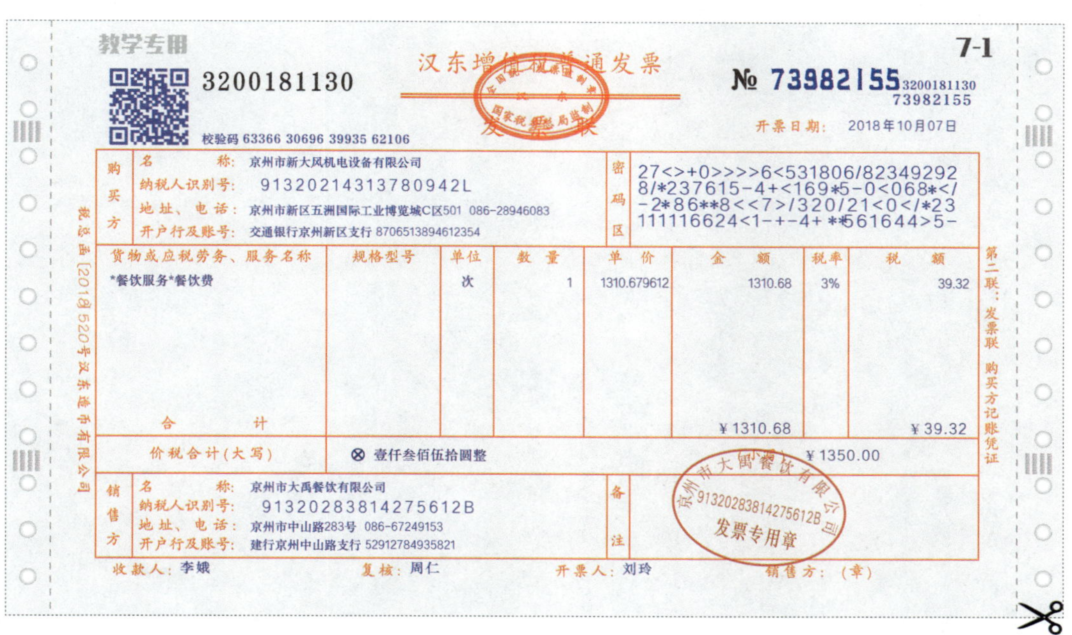

教学专用　　7-1

3200181130　　汉东增值税普通发票　　№ 73982155　3200181130 73982155

发票联

校验码 63366 30696 39935 62106　　开票日期：2018年10月07日

购买方	名称：京州市新大风机电设备有限公司 纳税人识别号：91320214313780942L 地址、电话：京州市新区五洲国际工业博览城C区501 086-28946083 开户行及账号：交通银行京州新区支行 8706513894612354	密码区	27<>+0>>>>>6<531806/82349292 8/*237615-4+<169*5-0<068*</ -2*86**8<<7>/320/21<0</*23 111116624<1-+-4+**561644>5-

货物或应税劳务、服务名称	规格型号	单位	数量	单价	金额	税率	税额
*餐饮服务*餐饮费		次	1	1310.679612	1310.68	3%	39.32
合计					¥1310.68		¥39.32
价税合计（大写）	⊗壹仟叁佰伍拾圆整				（小写）¥1350.00		

销售方	名称：京州市大禹餐饮有限公司 纳税人识别号：91320283814275612B 地址、电话：京州市中山路283号 086-67249153 开户行及账号：建行京州中山路支行 52912784935821	备注	京州市大禹餐饮有限公司 91320283814275612B 发票专用章

收款人：李娥　　复核：周仁　　开票人：刘玲　　销售方：（章）

税总函[2018]520号汉东造币有限公司

第二联：发票联 购买方记账凭证

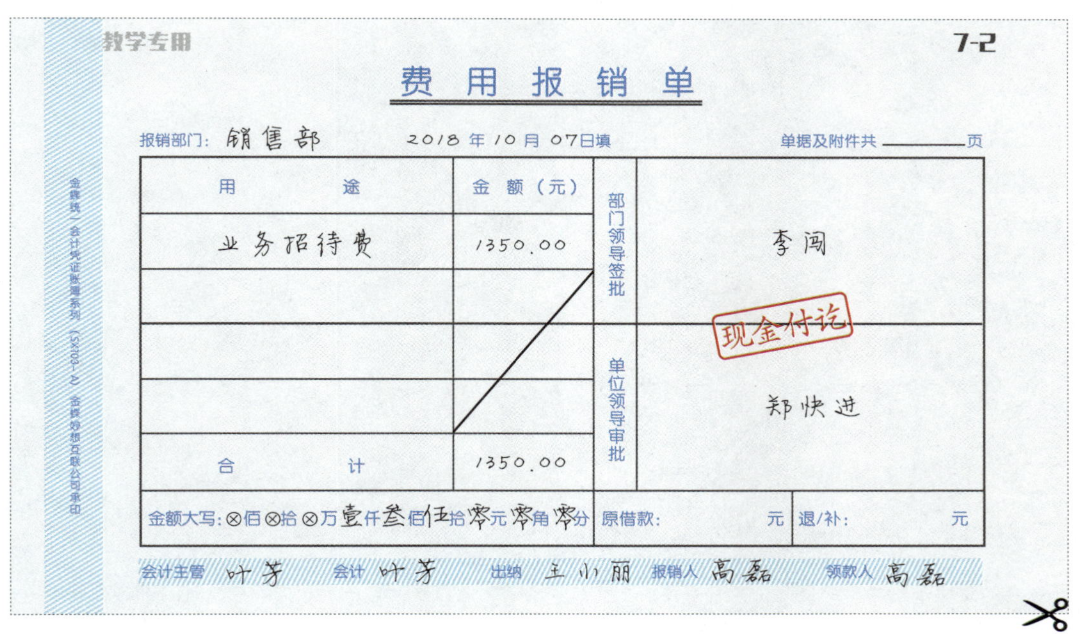

教学专用　　7-2

费用报销单

报销部门：销售部　　2018年10月07日填　　单据及附件共＿＿页

用途	金额（元）	部门领导签批	李闯
业务招待费	1350.00		
		单位领导审批	郑快进
合计	1350.00		
金额大写：⊗佰⊗拾⊗万壹仟叁佰伍拾零元零角零分		原借款：　元	退/补：　元

现金付讫

会计主管 叶芳　会计 叶芳　出纳 王小丽　报销人 高磊　领款人 高磊

金蝶账｜会计凭证装簿系列（SX103-A）金蝶妙想互联公司承印

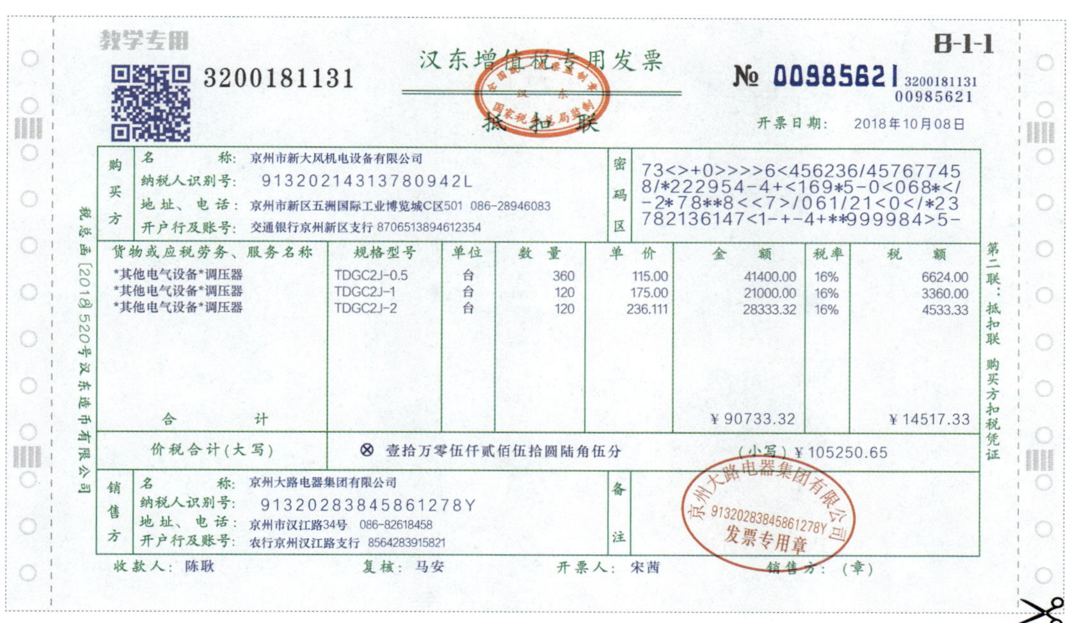

教学专用　　　　　　　　　　　　　　　　　　　　　　　　　　　　　　8-1-1

3200181131　　**汉东增值税专用发票**　　№ 00985621　3200181131 00985621

抵扣联　　　　　　　　　　　　　　　　开票日期：2018年10月08日

购买方	名　　称：京州市新大风机电设备有限公司 纳税人识别号：91320214313780942L 地址、电话：京州市新区五洲国际工业博览城C区501　086-28946083 开户行及账号：交通银行京州新区支行 8706513894612354	密码区	73<>+0>>>>6<456236/45767745 8/*222954-4+<169*5-0<068*</ -2*78**8<<7>/061/21<0</*23 782136147<1-+-4+**999984>5-

货物或应税劳务、服务名称	规格型号	单位	数量	单价	金额	税率	税额
*其他电气设备*调压器	TDGC2J-0.5	台	360	115.00	41400.00	16%	6624.00
*其他电气设备*调压器	TDGC2J-1	台	120	175.00	21000.00	16%	3360.00
*其他电气设备*调压器	TDGC2J-2	台	120	236.111	28333.32	16%	4533.33
合　　计					¥90733.32		¥14517.33
价税合计（大写）	⊗ 壹拾万零伍仟贰佰伍拾圆陆角伍分				（小写）¥105250.65		

销售方	名　　称：京州大路电器集团有限公司 纳税人识别号：91320283845861278Y 地址、电话：京州市汉江路34号　086-82618458 开户行及账号：农行京州汉江路支行 8564283915821	备注	（印章：京州大路电器集团有限公司 91320283845861278Y 发票专用章）

收款人：陈耿　　复核：马安　　开票人：宋茜　　销售方：（章）

税总函[2018]520号汉东造币有限公司

第二联：抵扣联　购买方扣税凭证

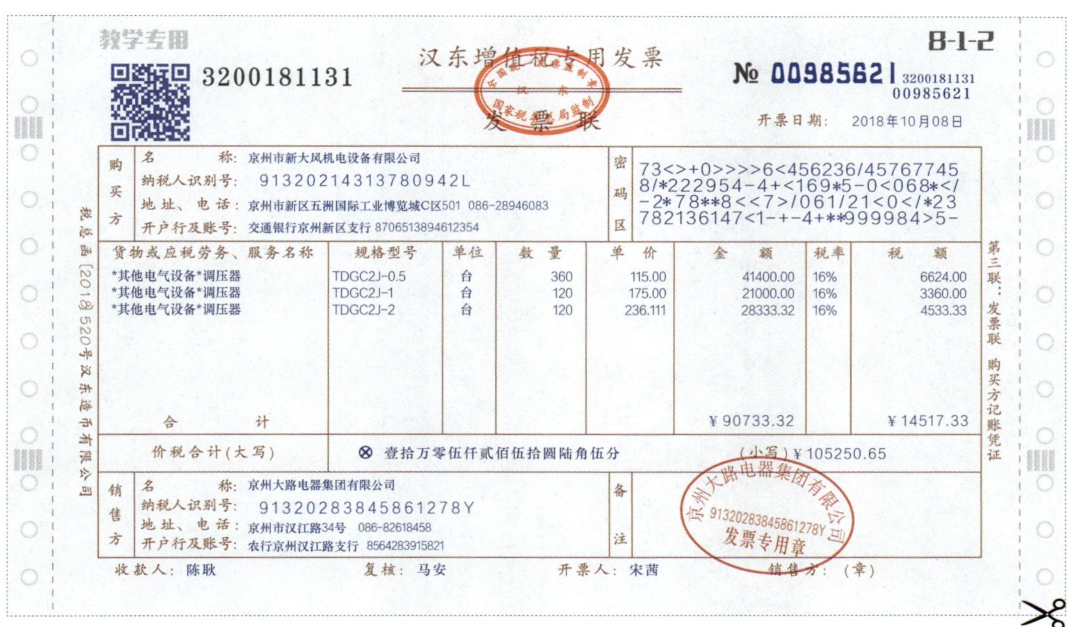

教学专用　　　　　　　　　　　　　　　　　　　　　　　　　　　　　　8-1-2

3200181131　　**汉东增值税专用发票**　　№ 00985621　3200181131 00985621

发票联　　　　　　　　　　　　　　　　开票日期：2018年10月08日

购买方	名　　称：京州市新大风机电设备有限公司 纳税人识别号：91320214313780942L 地址、电话：京州市新区五洲国际工业博览城C区501　086-28946083 开户行及账号：交通银行京州新区支行 8706513894612354	密码区	73<>+0>>>>6<456236/45767745 8/*222954-4+<169*5-0<068*</ -2*78**8<<7>/061/21<0</*23 782136147<1-+-4+**999984>5-

货物或应税劳务、服务名称	规格型号	单位	数量	单价	金额	税率	税额
*其他电气设备*调压器	TDGC2J-0.5	台	360	115.00	41400.00	16%	6624.00
*其他电气设备*调压器	TDGC2J-1	台	120	175.00	21000.00	16%	3360.00
*其他电气设备*调压器	TDGC2J-2	台	120	236.111	28333.32	16%	4533.33
合　　计					¥90733.32		¥14517.33
价税合计（大写）	⊗ 壹拾万零伍仟贰佰伍拾圆陆角伍分				（小写）¥105250.65		

销售方	名　　称：京州大路电器集团有限公司 纳税人识别号：91320283845861278Y 地址、电话：京州市汉江路34号　086-82618458 开户行及账号：农行京州汉江路支行 8564283915821	备注	（印章：京州大路电器集团有限公司 91320283845861278Y 发票专用章）

收款人：陈耿　　复核：马安　　开票人：宋茜　　销售方：（章）

税总函[2018]520号汉东造币有限公司

第三联：发票联　购买方记账凭证

教学专用

B-2

入库单

2018 年 10 月 08 日　　No. 1145035

单位（部门）：仓库

货号	品名及规格	单位	数 量	单 价	金 额	备 注
	1 TDGC2J-0.5	台	360	115.00	41400.00	
	2 TDGC2J-1	台	120	175.00	21000.00	
	3 TDGC2J-2	台	120	236.111	28333.32	
	4					
	5					
合计					90733.32	

①存根（白）②记账（红）③回执（黄）

主管 王健　会计　记账 叶芳　保管　验收 刘云　制单 刘云

教学专用

B-3

付 款 申 请 单

申请部门：采购部　2018 年 10 月 08 日　编 号 ：000014

收款单位	京州大路电器集团有限公司		付 款 原 因
银行账号	8564283915821		采购商品
开 户 行	农行京州汉江路支行		
金 额	⊗佰壹拾零万伍仟贰佰伍拾零元陆角伍分		
用款方式	银行汇票	¥ 105250.65	

单 位 领 导	财 务 主 管	部 门 主 管	经 办 人
郑快进	叶芳	王健	刘云

金蝶统一会计凭证账簿系列（SX03-1） 金蝶软件股份有限公司承印

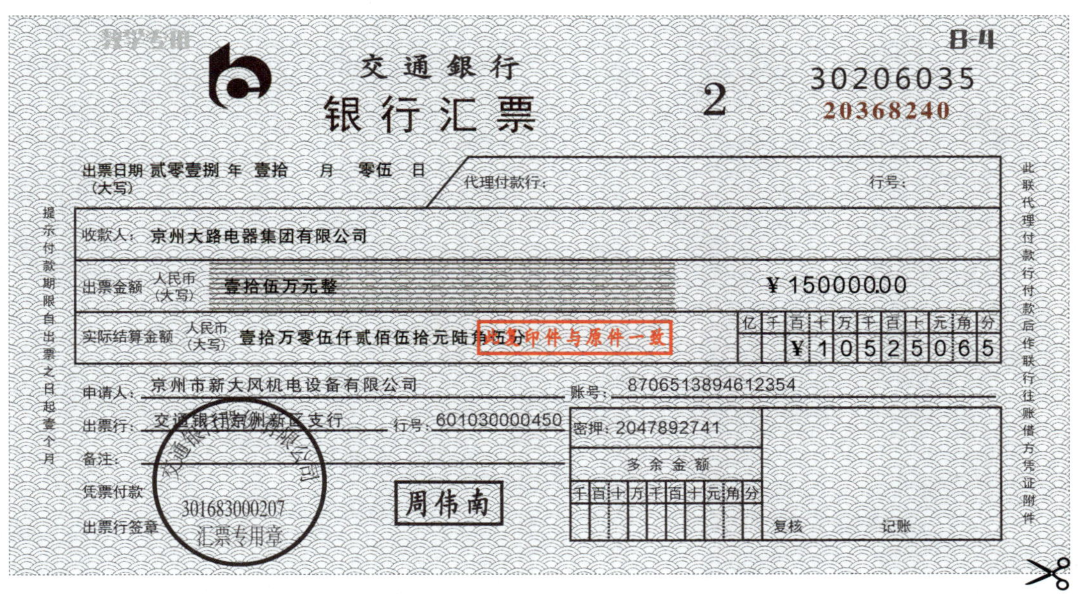
教学专用 8-4

交通银行

银行汇票 2 30206035

20368240

提示付款期限自出票之日起壹个月

出票日期（大写）贰零壹捌 年 壹拾 月 零伍 日 代理付款行： 行号：

收款人：京州大路电器集团有限公司

出票金额 人民币（大写）壹拾伍万元整 ¥150000.00

实际结算金额 人民币（大写）壹拾万零伍仟贰佰伍拾元陆角伍分 复印件与原件一致

亿	千	百	十	万	千	百	十	元	角	分
		¥	1	0	5	2	5	0	6	5

申请人：京州市新大风机电设备有限公司 账号：8706513894612354

出票行：交通银行京州新区支行 行号：601030000450

密押：2047892741

备注：

多余金额

千	百	十	万	千	百	十	元	角	分

凭票付款

出票行签章 交通银行京州新区支行 301683000207 汇票专用章 周伟南

复核 记账

此联代理付款行付款后作联行往账借方凭证附件

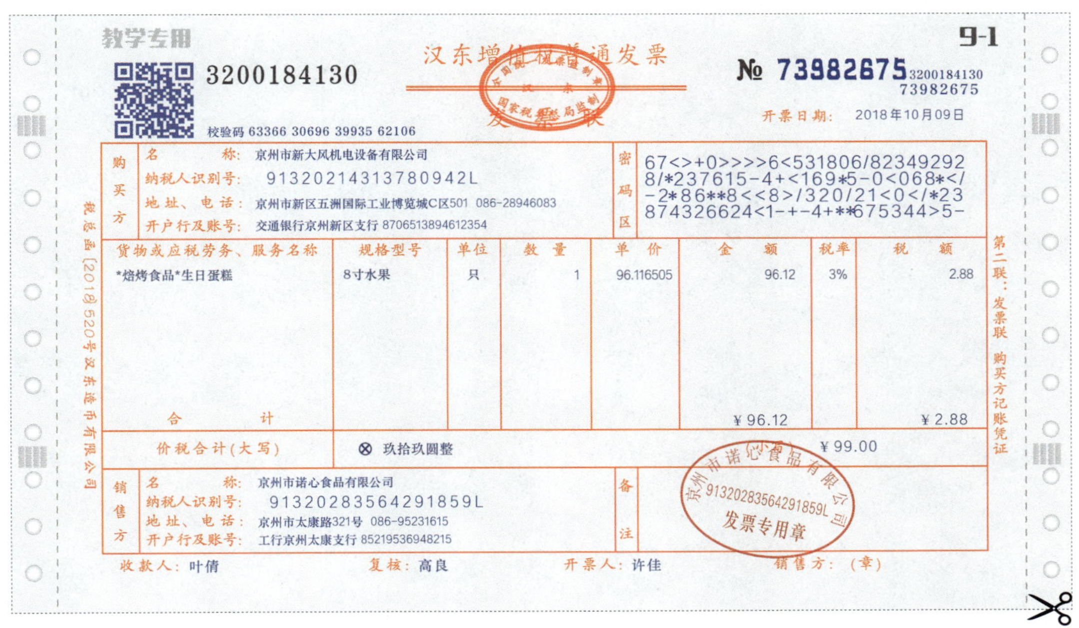
教学专用 9-1

3200184130 汉东增值税普通发票 № 73982675 3200184130 73982675

发票联

校验码 63366 30696 39935 62106 开票日期：2018年10月09日

购买方	名称：京州市新大风机电设备有限公司 纳税人识别号：91320214313780942L 地址、电话：京州市新区五洲国际工业博览城C区501 086-28946083 开户行及账号：交通银行京州新区支行 8706513894612354	密码区	67<>+0>>>>6<531806/82349292 8/*237615-4+<169*5-0<068*</ -2*86**8<<8>/320/21<0</*23 874326624<1-+-4+**675344>5-

货物或应税劳务、服务名称	规格型号	单位	数量	单价	金额	税率	税额
*焙烤食品*生日蛋糕	8寸水果	只	1	96.116505	96.12	3%	2.88
合计					¥96.12		¥2.88
价税合计（大写）	⊗玖拾玖圆整				（小写）¥99.00		

销售方	名称：京州市诺心食品有限公司 纳税人识别号：91320283564291859L 地址、电话：京州市太康路321号 086-95231615 开户行及账号：工行京州太康支行 85219536948215	备注	京州市诺心食品有限公司 91320283564291859L 发票专用章

收款人：叶倩 复核：高良 开票人：许佳 销售方：（章）

税总函［2018］520号汉东造币有限公司

第二联：发票联 购买方记账凭证

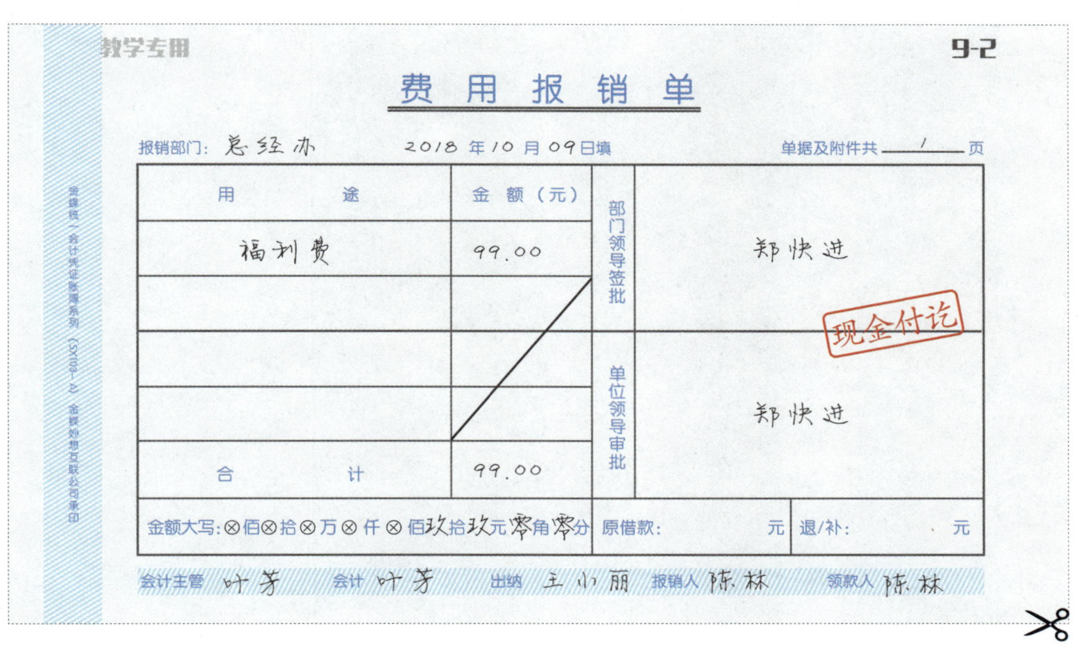

教学专用 9-2

费用报销单

报销部门：总经办　　2018年10月09日填　　单据及附件共 1 页

用途	金额（元）	部门领导签批	郑快进
福利费	99.00		
		单位领导审批	郑快进
合计	99.00		
金额大写：⊗佰⊗拾⊗万⊗仟⊗佰玖拾玖元零角零分		原借款：　元	退/补：　元

现金付讫

会计主管 叶芳　会计 叶芳　出纳 王小丽　报销人 陈林　领款人 陈林

教学专用 10-1

工资结算明细表

所属期限：2018年9月　　单位：元

部门	姓名	基本工资	满勤奖	加班	应发合计	应扣个人缴纳保险					税前合计	个人所得税	实发金额	签字
						养老保险 8%	医疗保险 2%	失业保险 0.5%	住房公积金 8%	合计				
总经办	郑快进	5000.00	150.00		5150.00	412.00	103.00	25.75	412.00	952.75	4197.25	20.92	4176.33	郑快进
	陈林	5000.00	150.00		5150.00	412.00	103.00	25.75	412.00	952.75	4197.25	20.92	4176.33	陈林
财务部	叶芳	4500.00	150.00	150.00	4800.00	384.00	96.00	24.00	384.00	888.00	3912.00	12.36	3899.64	叶芳
	王小丽	3500.00	150.00	50.00	3700.00	296.00	74.00	18.50	296.00	684.50	3015.50	0.00	3015.50	王小丽
采购部	王健	4000.00	150.00	100.00	4250.00	340.00	85.00	21.25	340.00	786.25	3463.75	0.00	3463.75	王健
	刘云	3800.00	150.00	150.00	4100.00	328.00	82.00	20.50	328.00	758.50	3341.50	0.00	3341.50	刘云
销售部	李闯	4500.00	150.00	100.00	4750.00	380.00	95.00	23.75	380.00	878.75	3871.25	11.14	3860.11	李闯
	高磊	4000.00	150.00	50.00	4200.00	336.00	84.00	21.00	336.00	777.00	3423.00	0.00	3423.00	高磊
仓库	卞青	3800.00	150.00	150.00	4100.00	328.00	82.00	20.50	328.00	758.50	3341.50	0.00	3341.50	卞青
合计		38100.00	1350.00	750.00	40200.00	3216.00	804.00	201.00	3216.00	7437.00	32763.00	65.34	32697.66	

教学专用 10-2

交通银行 BANK OF COMMUNICATIONS	交通银行电子回单				
回单编号	713955062314	回单类型	支付结算	业务名称	批量代发工资
凭证种类		凭证号码		借贷标志	借方
账号	8706513894612354		主账号		
户名	京州市新大风机电设备有限公司				交通银行 业务受理章
开户行名称	交通银行京州新区支行				
对方账号					
对方户名					
对方开户行名称					
币种	CNY	金额	32,697.66	金额大写	叁万贰仟陆佰玖拾柒元陆角陆分
兑换信息	--	币种		金额	0.00
牌价	0.00000000	币种		金额	0.00
摘要	发放工资				
附加信息					
打印次数	1	记账日期	2018-10-10	会计流水号	EEP0000004120789

教学专用 10-3

特殊业务交行京州新区支行批量代付成功清单

机构代码：322211 机构名称：交行京州新区支行 入账日期：2018年10月10日

账号	姓名	金额
6222024100005160661	郑快进	4176.33
6222024100005160662	陈林	4176.33
6222024100005160663	叶芳	3899.64
6222024100005160664	王小丽	3015.50
6222024100005160665	王健	3463.75
6222024100005160666	刘云	3341.50
6222024100005160667	李闯	3860.11
6222024100005160668	高磊	3423.00
6222024100005160669	卞青	3341.50
合 计		32697.66

交通银行京州新区支行 2018-10-10 会计业务章 (3)

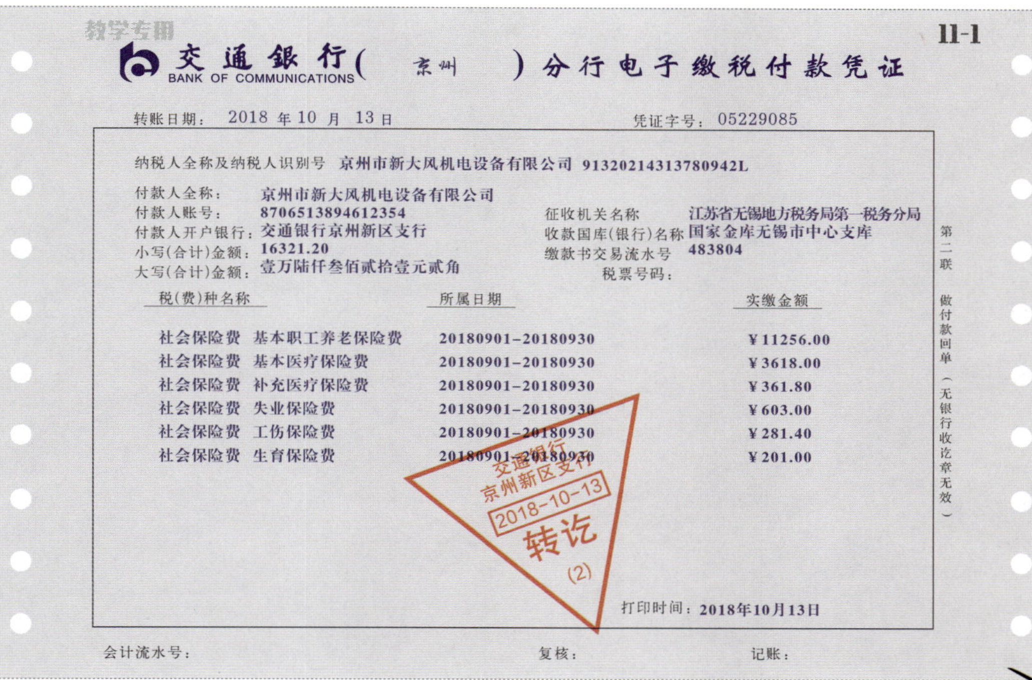

教学专用

11-1

交通银行（京州）分行电子缴税付款凭证

BANK OF COMMUNICATIONS

转账日期：2018年10月13日　　凭证字号：05229085

纳税人全称及纳税人识别号　京州市新大风机电设备有限公司　91320214313780942L

付款人全称：京州市新大风机电设备有限公司

付款人账号：8706513894612354　　征收机关名称　江苏省无锡地方税务局第一税务分局

付款人开户银行：交通银行京州新区支行　　收款国库（银行）名称　国家金库无锡市中心支库

小写（合计）金额：16321.20　　缴款书交易流水号　483804

大写（合计）金额：壹万陆仟叁佰贰拾壹元贰角　　税票号码：

税（费）种名称	所属日期	实缴金额
社会保险费　基本职工养老保险费	20180901-20180930	¥11256.00
社会保险费　基本医疗保险费	20180901-20180930	¥3618.00
社会保险费　补充医疗保险费	20180901-20180930	¥361.80
社会保险费　失业保险费	20180901-20180930	¥603.00
社会保险费　工伤保险费	20180901-20180930	¥281.40
社会保险费　生育保险费	20180901-20180930	¥201.00

交通银行 京州新区支行 2018-10-13 转讫 (2)

打印时间：2018年10月13日

第二联　做付款回单（无银行收讫章无效）

会计流水号：　　复核：　　记账：

教学专用

11-2

京州市社会保险费征缴通知单

No 27713765

参保单位编号：393529　　缴费年月：201810　　单位：元

参保单位名称：京州市新大风机电设备有限公司				缴拨方式：	
应申报缴费工资	40,200.00	缴费基数	40,200.00	缴费人数	9
缴费项目	单位缴纳	个人缴纳	缴费项目	单位缴纳	个人缴纳
基本养老保险费	8,040.00	3,216.00	失业保险费	402.00	201.00
基本医疗保险费	2,814.00	804.00	工伤保险费	281.40	——
补充医疗保险费	361.80	——	生育保险费	201.00	——
公务员医疗补助费		——			
征缴额	⊗壹万陆仟叁佰贰拾壹元贰角				¥16,321.20

第一联：代缴费申报单

经办人（章）：严平　　打印时间：2018-10-20　　京州市社会保险基金管理中心

教学专用

社保分配表

11-3

所属期限：2018年09月

单位：元

部门	工资合计	企业							个人				合计					
		养老保险 20%	基本医疗保险 7%	补充医疗保险 0.9%	失业保险 1%	工伤保险 0.7%	生育保险 0.5%	合计	养老保险 8%	医疗保险 2%	失业保险 0.5%	合计	养老保险	医疗保险	失业保险	工伤保险	生育保险	合计
总经办	10300.00	2060.00	721.00	92.70	103.00	72.10	51.50	3100.30	824.00	206.00	51.50	1081.50	2884.00	1019.70	154.50	72.10	51.50	4181.80
财务部	8500.00	1700.00	595.00	76.50	85.00	59.50	42.50	2558.50	680.00	170.00	42.50	892.50	2380.00	841.50	127.50	59.50	42.50	3451.00
采购部	8350.00	1670.00	584.50	75.15	83.50	58.45	41.75	2513.35	668.00	167.00	41.75	876.75	2338.00	826.65	125.25	58.45	41.75	3390.10
销售部	8950.00	1790.00	626.50	80.55	89.50	62.65	44.75	2693.95	716.00	179.00	44.75	939.75	2506.00	886.05	134.25	62.65	44.75	3633.70
仓库	4100.00	820.00	287.00	36.90	41.00	28.70	20.50	1234.10	328.00	82.00	20.50	430.50	1148.00	405.90	61.50	28.70	20.50	1664.60
合计	40200.00	8040.00	2814.00	361.80	402.00	281.40	201.00	12100.20	3216.00	804.00	201.00	4221.00	11256.00	3979.80	603.00	281.40	201.00	16321.20

教学专用

12-1

住房公积金汇（补）缴书

No 0283161

2018 年 10 月 13 日

附：缴存变更清册　　页

缴款单位		收款单位	
单位名称	京州市新大风机电设备有限公司	单位名称	住房公积金专户
单位帐号	8706513894612354	公积金帐号	
开户银行	交通银行京州新区支行	开户银行	建设银行

缴款类型	☑ 汇缴 □ 补缴	补缴原因			
缴款人数	9	缴款时间	2018 年 10 月 01 日 至 2018 年 11 月 30 日	月数	1
缴款方式	□ 现金 ☑ 转账				
金额（大写）	人民币陆仟肆佰叁拾贰元整				¥643200

上次汇缴		本次增加汇缴		本次减少汇缴		本次汇（补）缴	
人数	金额	人数	金额	人数	金额	人数	金额
						9	¥ 6432. 00

上述款项已划转至市住房公积金管理中心住房公积金存款户内。（银行盖章）

复核：　　经办：　　2018 年 10月 13 日

第一联：交款单位开户行给缴款单位的回单

交通银行京州新区支行 2018-10-13 转讫 (2)

教学专用

12-2

公积金分配表

所属期限：2018年09月

单位：元

部门	工资合计	单位应缴	个人应缴
总经办	10300.00	824.00	824.00
财务部	8500.00	680.00	680.00
采购部	8350.00	668.00	668.00
销售部	8950.00	716.00	716.00
仓库	4100.00	328.00	328.00
合计	40200.00	3216.00	3216.00

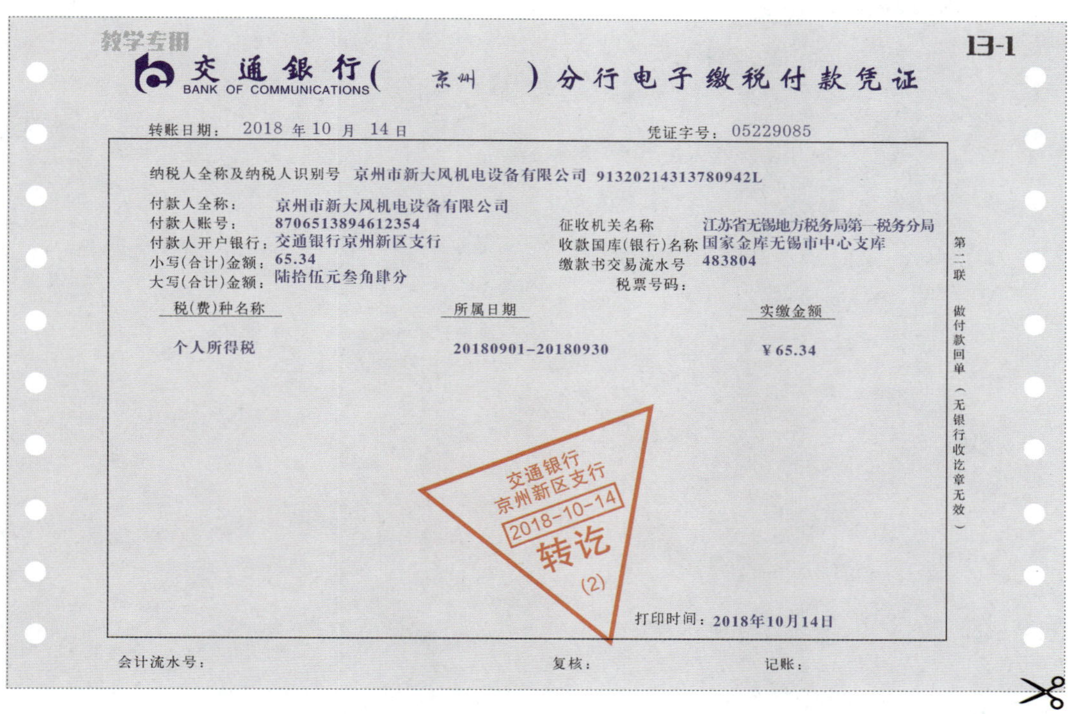

13-1

教学专用

交通银行（ 京州 ）分行电子缴税付款凭证
BANK OF COMMUNICATIONS

转账日期：2018 年 10 月 14 日　　凭证字号：05229085

纳税人全称及纳税人识别号　京州市新大风机电设备有限公司 91320214313780942L

付款人全称：京州市新大风机电设备有限公司
付款人账号：8706513894612354　　征收机关名称　江苏省无锡地方税务局第一税务分局
付款人开户银行：交通银行京州新区支行　　收款国库（银行）名称　国家金库无锡市中心支库
小写（合计）金额：65.34　　缴款书交易流水号　483804
大写（合计）金额：陆拾伍元叁角肆分　　税票号码：

税（费）种名称	所属日期	实缴金额
个人所得税	20180901-20180930	￥65.34

交通银行京州新区支行 2018-10-14 转讫 (2)

打印时间：2018年10月14日

会计流水号：　　复核：　　记账：

第二联 做付款回单（无银行收讫章无效）

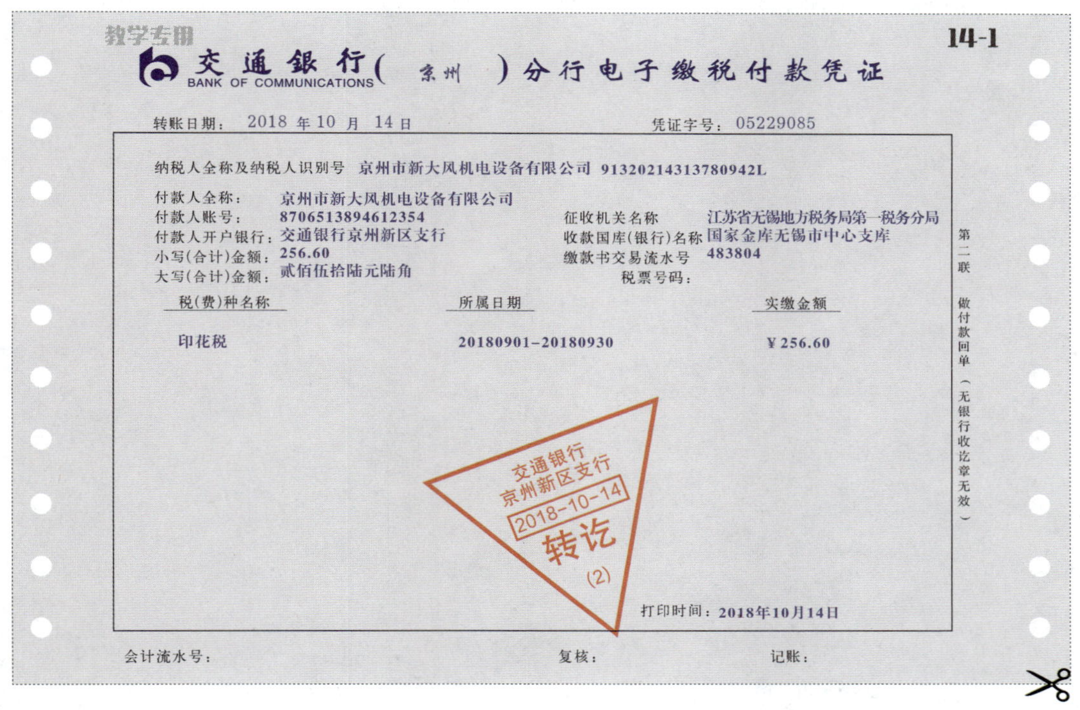

14-1

教学专用

交通银行（ 京州 ）分行电子缴税付款凭证
BANK OF COMMUNICATIONS

转账日期：2018 年 10 月 14 日　　凭证字号：05229085

纳税人全称及纳税人识别号　京州市新大风机电设备有限公司 91320214313780942L

付款人全称：京州市新大风机电设备有限公司
付款人账号：8706513894612354　　征收机关名称　江苏省无锡地方税务局第一税务分局
付款人开户银行：交通银行京州新区支行　　收款国库（银行）名称　国家金库无锡市中心支库
小写（合计）金额：256.60　　缴款书交易流水号　483804
大写（合计）金额：贰佰伍拾陆元陆角　　税票号码：

税（费）种名称	所属日期	实缴金额
印花税	20180901-20180930	￥256.60

交通银行京州新区支行 2018-10-14 转讫 (2)

打印时间：2018年10月14日

会计流水号：　　复核：　　记账：

第二联 做付款回单（无银行收讫章无效）

教学专用

14-2

印花税计提表

所属期限：2018年09月

税目	税率	税额	说明
权利、许可证照	按件贴花5元	—	2018年5月1日起免征
营业账簿	其他账簿按件贴花5元	—	2018年5月1日起免征
资金账簿	资金账簿按实收资本和资本公积合计金额0.5‰贴花	250.00	1000000*0.5‰*50%，2018年5月1日起减半征收
建筑安装工程承包合同	按承包金额的0.3‰贴花	6.60	22000*0.3‰
合计		256.60	

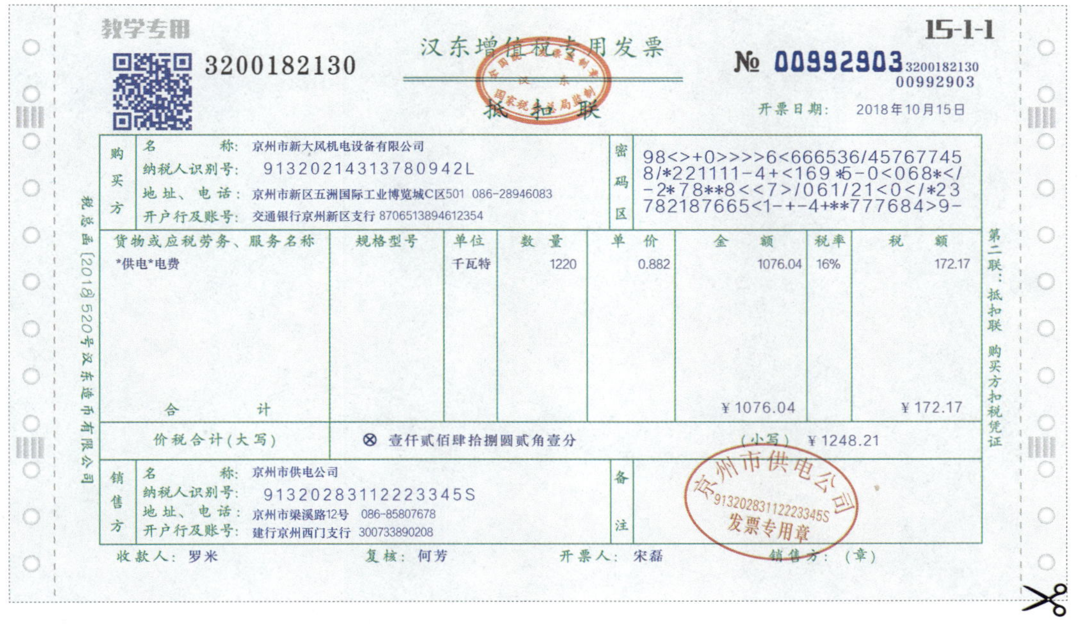

教学专用　15-1-1

汉东增值税专用发票

3200182130　№ 00992903　3200182130　00992903

抵扣联

开票日期：2018年10月15日

购买方	名　　称：京州市新大风机电设备有限公司 纳税人识别号：91320214313780942L 地址、电话：京州市新区五洲国际工业博览城C区501 086-28946083 开户行及账号：交通银行京州新区支行 8706513894612354	密码区	98<>+0>>>>6<666536/45767745 8/*221111-4+<169*6-0<068*</ -2*78**8<<7>/061/21<0</*23 782187665<1-+-4+**777684>9-

货物或应税劳务、服务名称	规格型号	单位	数量	单价	金额	税率	税额
*供电*电费		千瓦特	1220	0.882	1076.04	16%	172.17
合计					¥1076.04		¥172.17

价税合计（大写）　⊗壹仟贰佰肆拾捌圆贰角壹分　（小写）¥1248.21

销售方	名　　称：京州市供电公司 纳税人识别号：91320283112223345S 地址、电话：京州市梁溪路12号 086-85807678 开户行及账号：建行京州西门支行 300733890208	备注	

收款人：罗米　复核：何芳　开票人：宋磊　销售方：（章）

税总函〔2018〕520号汉东造币有限公司

第二联：抵扣联　购买方扣税凭证

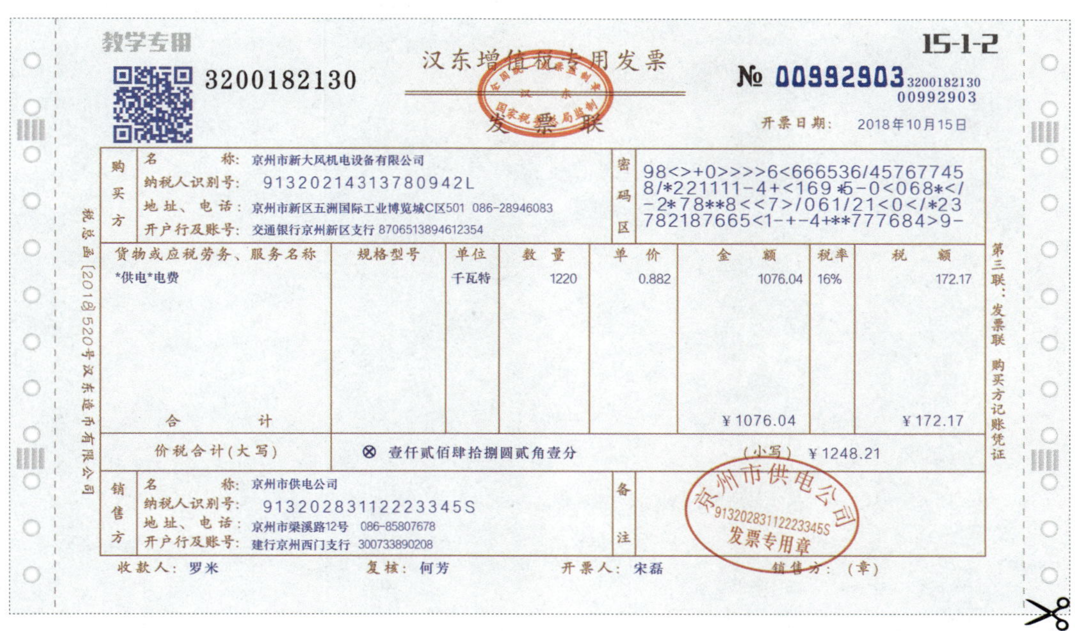

教学专用　15-1-2

3200182130

汉东增值税专用发票

发票联

№ 00992903　3200182130 00992903

开票日期：2018年10月15日

购买方	名称：京州市新大风机电设备有限公司 纳税人识别号：91320214313780942L 地址、电话：京州市新区五洲国际工业博览城C区501 086-28946083 开户行及账号：交通银行京州新区支行 8706513894612354	密码区	98<>+0>>>>6<666536/45767745 8/*221111-4+<169*5-0<068*</ -2*78**8<<7>/061/21<0</*23 782187665<1-+-4+**777684>9-

货物或应税劳务、服务名称	规格型号	单位	数量	单价	金额	税率	税额
*供电*电费		千瓦特	1220	0.882	1076.04	16%	172.17
合计					¥1076.04		¥172.17
价税合计（大写）	⊗ 壹仟贰佰肆拾捌圆贰角壹分				（小写）¥1248.21		

销售方	名称：京州市供电公司 纳税人识别号：91320283112223345S 地址、电话：京州市梁溪路12号 086-85807678 开户行及账号：建行京州西门支行 300733890208	备注	京州市供电公司 91320283112223345S 发票专用章

收款人：罗米　复核：何芳　开票人：宋磊　销售方：（章）

税总函[2018]520号汉东造币有限公司

第三联：发票联 购买方记账凭证

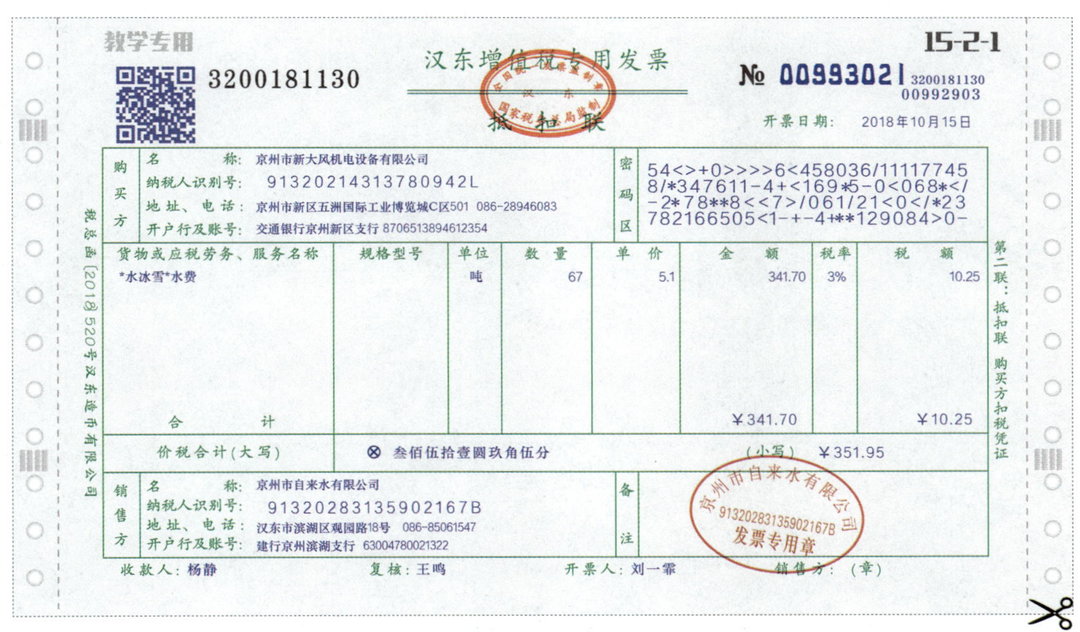

教学专用　15-2-1

3200181130

汉东增值税专用发票

抵扣联

№ 00993021　3200181130 00992903

开票日期：2018年10月15日

购买方	名称：京州市新大风机电设备有限公司 纳税人识别号：91320214313780942L 地址、电话：京州市新区五洲国际工业博览城C区501 086-28946083 开户行及账号：交通银行京州新区支行 8706513894612354	密码区	54<>+0>>>>6<458036/11117745 8/*347611-4+<169*5-0<068*</ -2*78**8<<7>/061/21<0</*23 782166505<1-+-4+**129084>0-

货物或应税劳务、服务名称	规格型号	单位	数量	单价	金额	税率	税额
*水冰雪*水费		吨	67	5.1	341.70	3%	10.25
合计					¥341.70		¥10.25
价税合计（大写）	⊗ 叁佰伍拾壹圆玖角伍分				（小写）¥351.95		

销售方	名称：京州市自来水有限公司 纳税人识别号：91320283135902167B 地址、电话：汉东市滨湖区观园路18号 086-85061547 开户行及账号：建行京州滨湖支行 63004780021322	备注	京州市自来水有限公司 91320283135902167B 发票专用章

收款人：杨静　复核：王鸣　开票人：刘一霏　销售方：（章）

税总函[2018]520号汉东造币有限公司

第二联：抵扣联 购买方扣税凭证

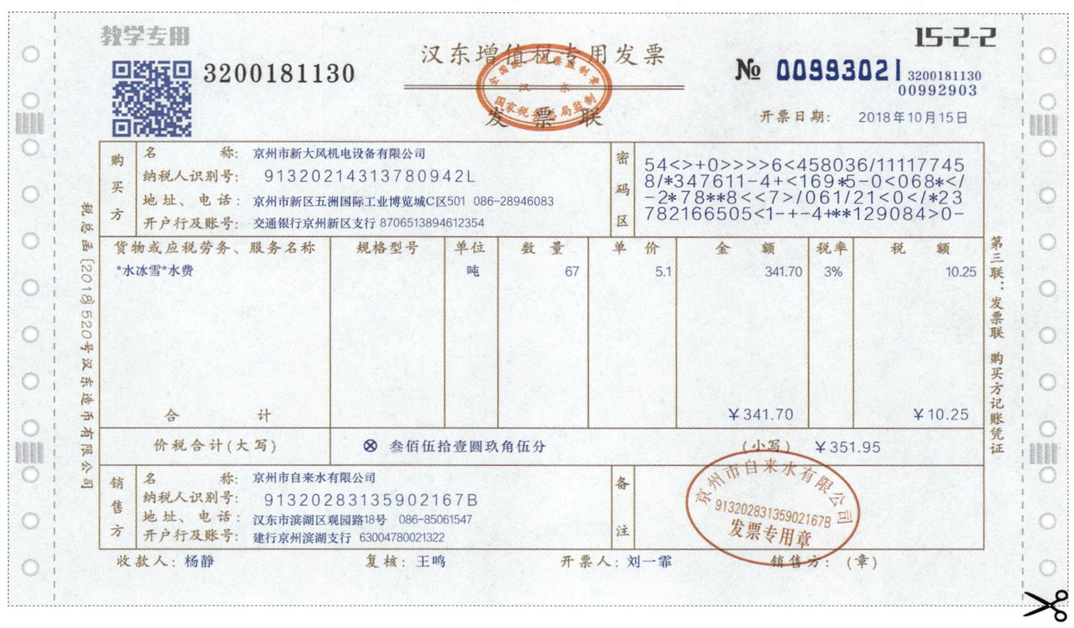

教学专用 15-2-2

汉东增值税专用发票

3200181130

发票联

№ 00993021 3200181130 00992903

开票日期：2018年10月15日

购买方	名称：京州市新大风机电设备有限公司 纳税人识别号：91320214313780942L 地址、电话：京州市新区五洲国际工业博览城C区501 086-28946083 开户行及账号：交通银行京州新区支行 8706513894612354	密码区	54<>+0>>>>6<458036/11117745 8/*347611-4+<169*5-0<068*</ -2*78**8<<7>/061/21<0</*23 782166505<1-+-4+**129084>0-

货物或应税劳务、服务名称	规格型号	单位	数量	单价	金额	税率	税额
*水冰雪*水费		吨	67	5.1	341.70	3%	10.25
合计					¥341.70		¥10.25
价税合计（大写）	⊗叁佰伍拾壹圆玖角伍分				（小写）¥351.95		

销售方	名称：京州市自来水有限公司 纳税人识别号：91320283135902167B 地址、电话：汉东市滨湖区观园路18号 086-85061547 开户行及账号：建行京州滨湖支行 63004780021322	备注	京州市自来水有限公司 91320283135902167B 发票专用章

收款人：杨静 复核：王鸣 开票人：刘一霏 销售方：（章）

税总函[2018]520号汉东造币有限公司

第三联：发票联 购买方记账凭证

教学专用 15-3

付款申请单

申请部门：总经办 2018年10月15日 编号：000015

收款单位	京州市供电公司		付款原因
银行账号	300733890208		电费
开户行	建行京州西门支行		
金额	⊗佰⊗拾⊗万壹仟贰佰肆拾捌元贰角壹分		
用款方式	转账	¥1248.21	

单位领导	财务主管	部门主管	经办人
叶芳	王小丽	郑快进	陈林

金蝶统一会计凭证账簿系列（S003-F） 金蝶妙想互联公司承印

教学专用

15-4

付款申请单

申请部门：总经办　　2018 年 10 月 15 日　　编号：000016

收款单位	京州市自来水公司		付款原因
银行账号	63004780021322		
开户行	建行京州滨湖支行		水费
金额	⊗佰⊗拾⊗万⊗仟叁佰伍拾壹元玖角伍分		
用款方式	转账	¥ 351.95	

单位领导	财务主管	部门主管	经办人
叶芳	王小丽	郑快进	陈林

金蝶统一会计凭证账簿系列（SX03-F）金蝶妙想互联公司承印

教学专用

15-5

交通银行 BANK OF COMMUNICATIONS　　交通银行电子回单

回单编号	713955071243	回单类型	支付结算	业务名称	支付汇兑
凭证种类		凭证号码		借贷标志	借方
账号	8706513894612354		主账号		
户名	京州市新大风机电设备有限公司				交通银行 业务受理章
开户行名称	交通银行京州新区支行				
对方账号	300733890208				
对方户名	京州市供电公司				
对方开户行名称	建行京州西门支行				
币种	CNY	金额	1,248.21	金额大写	壹仟贰佰肆拾捌元贰角壹分
兑换信息	--	币种		金额	0.00
牌价	0.00000000	币种		金额	0.00
摘要	电费				
附加信息					
打印次数	1	记账日期	2018-10-15	会计流水号	EEP0000004126142

教学专用

15-6

交通银行 BANK OF COMMUNICATIONS	交通银行电子回单				
回单编号	713955086432	回单类型	支付结算	业务名称	支付汇兑
凭证种类		凭证号码		借贷标志	借方
账号	8706513894612354		主账号		
户名	京州市新大风机电设备有限公司				交通银行 业务受理章
开户行名称	交通银行京州新区支行				
对方账号	63004780021322				
对方户名	京州自来水有限公司				
对方开户行名称	建行京州滨湖支行				
币种	CNY	金额	351.95	金额大写	叁佰伍拾壹元玖角伍分
兑换信息	--	币种		金额	0.00
牌价	0.00000000	币种		金额	0.00
摘要	水费				
附加信息					
打印次数	1	记账日期	2018-10-15	会计流水号	EEP0000004131249

教学专用

16-1

差旅费报销单

报销部门：销售部　　填报日期：2018年10月16日

姓名	高磊	职别		出差事由	拜访客户						
出差起止日期：自2018年10月12日起至2018年10月13日止 共2天								附单据：3张			
日期 月	日期 日	起讫地点	天数	机票费	车船费	交通费	住宿费	出差补助	住宿节约补助	其他	小计
10	12	京州—北京		1200.00		58.00					1258.00
10	13	北京—京州		1200.00							1200.00
		合计									2458.00
总计金额（大写）⊗万贰仟肆佰伍拾捌元零角零分						预支3000.00元			退/补542.00元		

现金收讫

领导批示 郑快进　财务主管 叶芳　会计 叶芳　出纳 王小丽　部门主管 李闯　领款人 高磊

金蝶统一会计凭证账簿系列（SX103-8）金蝶妙想互联公司承印

教学专用 **16-2**

航空运输电子客票行程单

ITNERARY/RECEIPT OF E-TICKET FOR AIR TRANSPORT

印刷序号: SERIAL NUMBER:

旅客姓名 NAME OF PASSENGER	有效身份证件号码 ID.NO.	签注 ENDORSEMENT/RESTRCTIONS(CABRON)
高磊	12010819661086451X	不得签转

		承运人 CARRIER	航班号 FLIGHT	座位等级 CLASS	日期 DATE	时间 TIME	客票级别/客票类别 FARE BASIS	NOTVALIDB EFORE	NOTVALTDA TER	免费行李 ALLOW
自FROM 京州	CKG	MF	8460	M	12Oct	1405	Y70.0			20K
至TO 北京	TSN		VOID							
至TO VOID										
至TO										
至TO										

票价 FARM	机场建设费 AIRPORT TAX	燃油附加费 FUEL SURCHARCE	其他税费 OTHER TAXES	合计 TOTAL
CNY 1110.00	CN 50.00YQ	40.00		CNY 1200.00

电子客票号码 E-TICKET NO.	7312324417620	验证码 CK		提示信息 INFORMATION		保险费 INSURANCE	XXX
销售单位代号 AGENT CODF	XMN021 08673102	填开单位 ISSUED BY	京州华信航空服务公司			填开日期 DATE OF ISSUE	2018-10-12

验真网址: WWW.TRAVELSKY.COM 服务热线:400-815-8888 短信验真:发送JP至106699018

请乘客乘机前认真阅读《旅客须知》及承运人的运输总条件内容

付款凭证 RECEIPT　手写无效 INVALID HANDWRITING

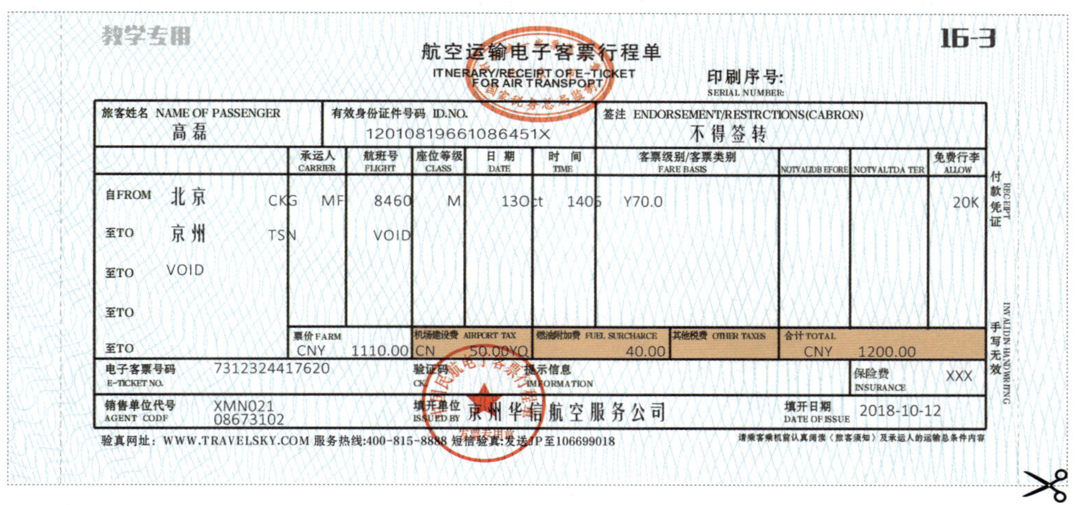

教学专用 **16-3**

航空运输电子客票行程单

ITNERARY/RECEIPT OF E-TICKET FOR AIR TRANSPORT

印刷序号: SERIAL NUMBER:

旅客姓名 NAME OF PASSENGER	有效身份证件号码 ID.NO.	签注 ENDORSEMENT/RESTRCTIONS(CABRON)
高磊	12010819661086451X	不得签转

		承运人 CARRIER	航班号 FLIGHT	座位等级 CLASS	日期 DATE	时间 TIME	客票级别/客票类别 FARE BASIS	NOTVALIDB EFORE	NOTVALTDA TER	免费行李 ALLOW
自FROM 北京	CKG	MF	8460	M	13Oct	1405	Y70.0			20K
至TO 京州	TSN		VOID							
至TO VOID										
至TO										
至TO										

票价 FARM	机场建设费 AIRPORT TAX	燃油附加费 FUEL SURCHARCE	其他税费 OTHER TAXES	合计 TOTAL
CNY 1110.00	CN 50.00YQ	40.00		CNY 1200.00

电子客票号码 E-TICKET NO.	7312324417620	验证码 CK		提示信息 INFORMATION		保险费 INSURANCE	XXX
销售单位代号 AGENT CODF	XMN021 08673102	填开单位 ISSUED BY	京州华信航空服务公司			填开日期 DATE OF ISSUE	2018-10-12

验真网址: WWW.TRAVELSKY.COM 服务热线:400-815-8888 短信验真:发送JP至106699018

请乘客乘机前认真阅读《旅客须知》及承运人的运输总条件内容

付款凭证 RECEIPT　手写无效 INVALID HANDWRITING

教学专用 **16-4**

北京市出租汽车专用发票 BEIJING TAXI SPECIAL INVOICE

发票联 INVOICE

111001481007

100051362

单位 Unit	0657
电话 Tel	61206598
车号 Taxi No.	京B-N167
证号 Certificate No.	134030
日期 Date	2018-10-12
时间 Time	15:32-15:53
单价 Price per km	3.45
里程 Mileage	16.4
等候 Wait	00:15:29
状态 State	1
金额 Fare	¥57.00
燃油附加费 Fuel oil Suronarge	¥1.00
预约叫车服务费 Call service suronarge	¥0.00
实际金额 Total	¥58.00
卡号 Card No	------
卡原额 Card original sum	------
卡余额 Card balance sum	------

手写无效

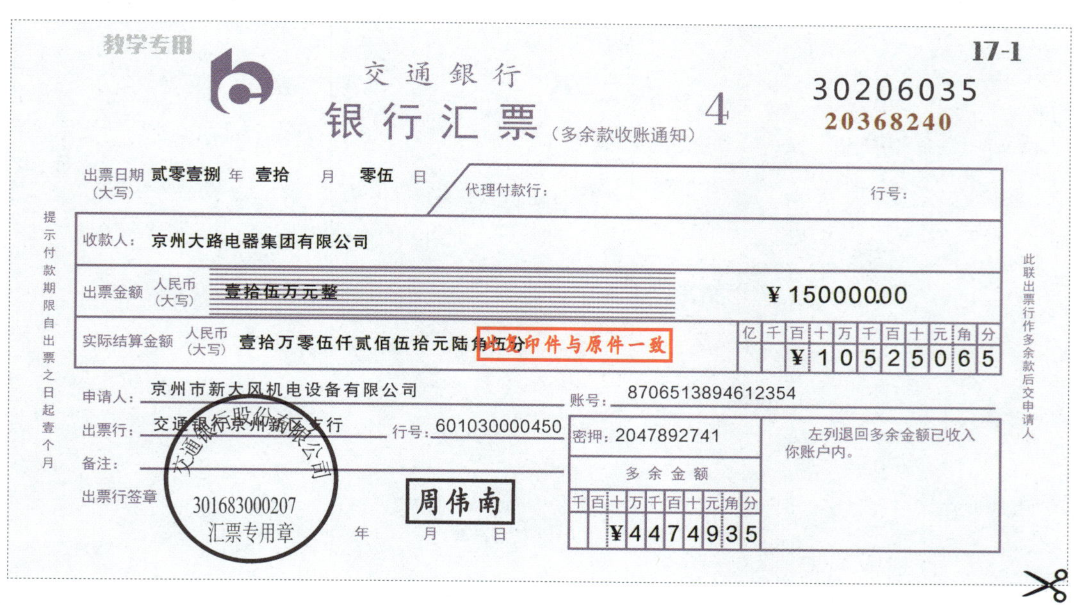

教学专用

17-1

交通银行

银行汇票（多余款收账通知） 4

30206035

20368240

提示付款期限自出票之日起壹个月

出票日期（大写）：贰零壹捌 年 壹拾 月 零伍 日

代理付款行： 行号：

收款人：京州大路电器集团有限公司

出票金额 人民币（大写）：壹拾伍万元整 ¥150000.00

实际结算金额 人民币（大写）：壹拾万零伍仟贰佰伍拾元陆角伍分

亿	千	百	十	万	千	百	十	元	角	分
		¥	1	0	5	2	5	0	6	5

此复印件与原件一致

申请人：京州市新大风机电设备有限公司 账号：8706513894612354

出票行：交通银行京州新区支行 行号：601030000450

密押：2047892741

备注：

多余金额

千	百	十	万	千	百	十	元	角	分
		¥	4	4	7	4	9	3	5

左列退回多余金额已收入你账户内。

出票行签章 交通银行股份有限公司 301683000207 汇票专用章 周伟南 年 月 日

此联出票行作多余款后交申请人

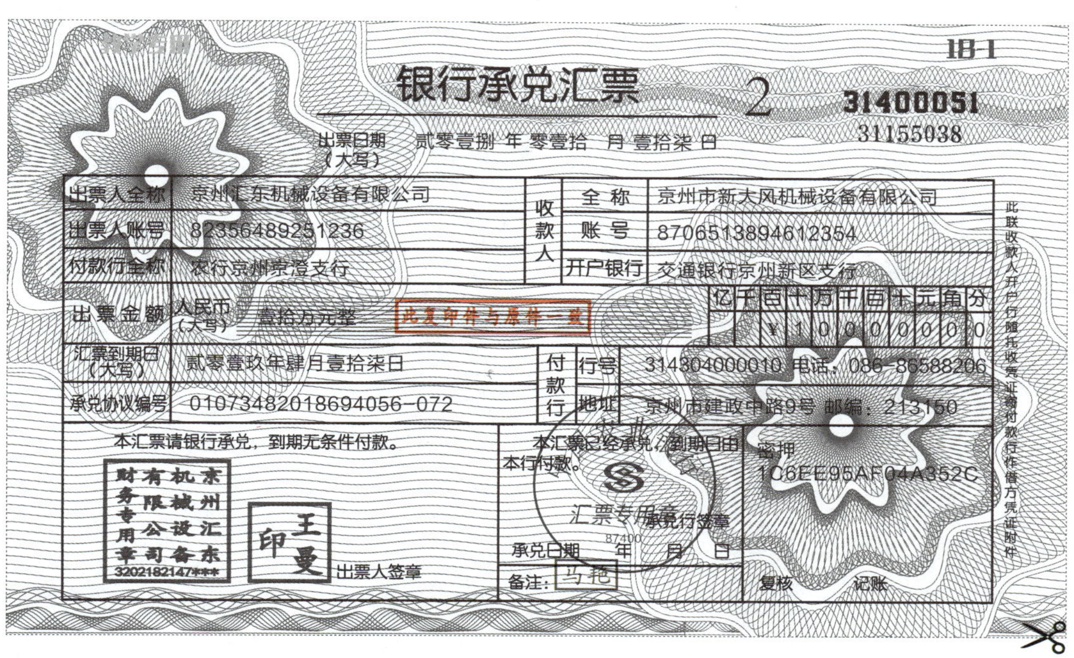

教学专用

18-1

银行承兑汇票 2

31400051

31155038

出票日期（大写）：贰零壹捌 年 零壹拾 月 壹拾柒 日

出票人全称	京州汇东机械设备有限公司	收款人	全称	京州市新大风机械设备有限公司
出票人账号	82356489251236		账号	8706513894612354
付款行全称	农行京州京澄支行		开户银行	交通银行京州新区支行

出票金额 人民币（大写）：壹拾万元整

亿	千	百	十	万	千	百	十	元	角	分
		¥	1	0	0	0	0	0	0	0

此复印件与原件一致

汇票到期日（大写）：贰零壹玖年肆月壹拾柒日

付款行 行号：314304000010 电话：086-86588206

承兑协议编号：01073482018694056-072

付款行 地址：京州市建政中路9号 邮编：213150

本汇票请银行承兑，到期无条件付款。

京州汇东机械设备有限公司财务专用章 3202182147***

王曼印

出票人签章

本汇票已经承兑，到期日由本行付款。

汇票专用章

承兑行签章

承兑日期 年 月 日

备注：马艳

密押 1C6EE95AF04A352C

复核 记账

此联收款人开户行随托收凭证寄付款行作借方凭证附件

教学专用 18-2

交通银行 BANK OF COMMUNICATIONS	交通银行电子回单				
回单编号	713955124657	回单类型	支付结算	业务名称	支付汇兑
凭证种类		凭证号码		借贷标志	贷方
账号	8706513894612354		主账号		
户名	京州市新大风机电设备有限公司				交通银行 业务受理章
开户行名称	交通银行京州新区支行				
对方账号	82356489251236				
对方户名	京州汇东机械设备有限公司				
对方开户行名称	农行京州京澄支行				
币种	CNY	金额	25,655.95	金额大写	贰万伍仟陆佰伍拾伍元玖角伍分
兑换信息	--	币种		金额	0.00
牌价	0.00000000	币种		金额	0.00
摘要	货款				
附加信息					
打印次数	1	记账日期	2018-10-17	会计流水号	EEP0000004151002

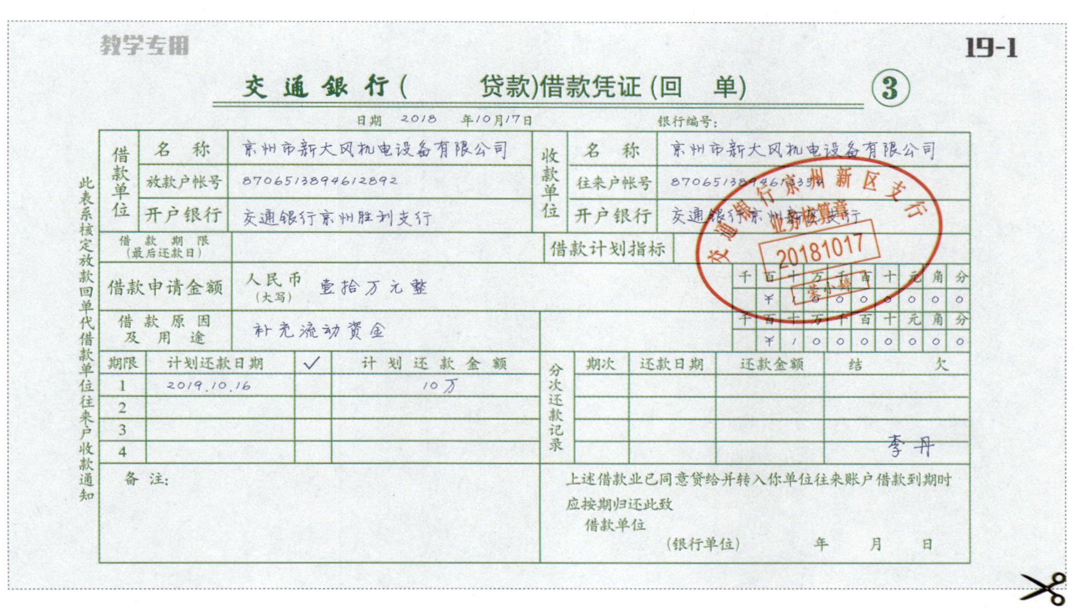

教学专用 19-1

交通银行（　　贷款）借款凭证（回　单）③

日期 2018 年10月17日　　银行编号：

借款单位	名称	京州市新大风机电设备有限公司	收款单位	名称	京州市新大风机电设备有限公司
	放款户帐号	87065138946 12892		往来户帐号	8706513894612354
	开户银行	交通银行京州胜利支行		开户银行	交通银行京州新区支行
借款期限（最后还款日）			借款计划指标		
借款申请金额	人民币（大写）壹拾万元整			千百十万千百十元角分	￥10000000
借款原因及用途	补充流动资金			千百十万千百十元角分	￥10000000

期限	计划还款日期	✓	计划还款金额	分次还款记录	期次	还款日期	还款金额	结欠
1	2019.10.16		10万					
2								
3								
4								李丹

备注：

上述借款业已同意贷给并转入你单位往来账户借款到期时应按期归还此致

借款单位

（银行单位）　年　月　日

此表系核定放款回单代借款单位往来户收款通知

交通银行京州新区支行 业务核算章 20181017 李小婷

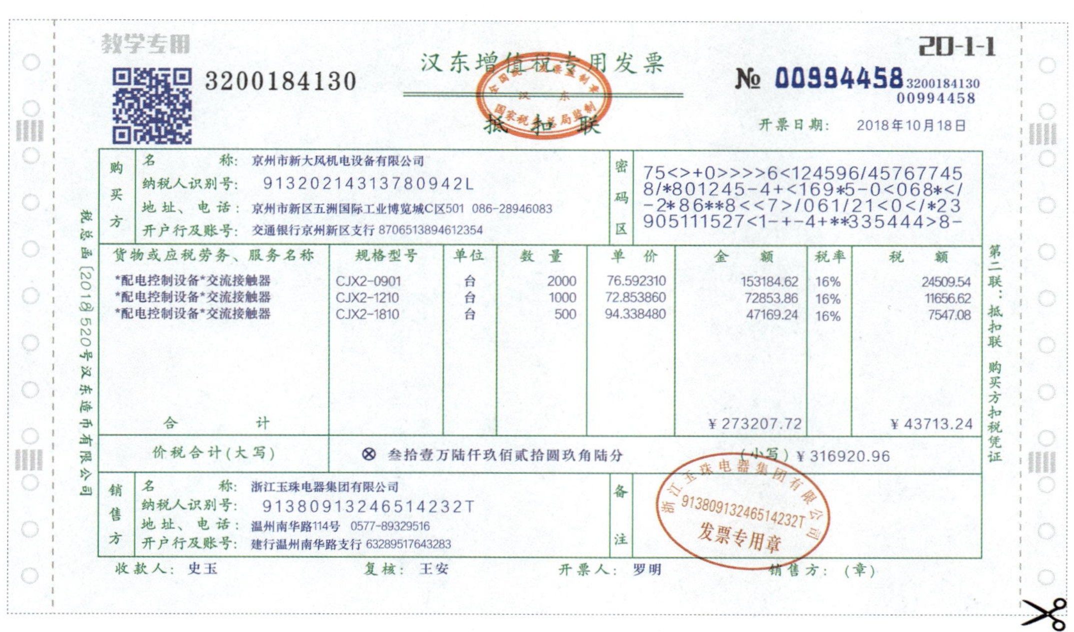

教学专用

20-1-1

3200184130

汉东增值税专用发票

№ 00994458 3200184130 00994458

抵扣联

开票日期：2018年10月18日

购买方	名称：京州市新大风机电设备有限公司 纳税人识别号：91320214313780942L 地址、电话：京州市新区五洲国际工业博览城C区501 086-28946083 开户行及账号：交通银行京州新区支行 8706513894612354	密码区	75<>+0>>>>6<124596/45767745 8/*801245-4+<169*5-0<068*</ -2*86**8<<7>/061/21<0</*23 905111527<1-+-4+**335444>8-

货物或应税劳务、服务名称	规格型号	单位	数量	单价	金额	税率	税额
*配电控制设备*交流接触器	CJX2-0901	台	2000	76.592310	153184.62	16%	24509.54
*配电控制设备*交流接触器	CJX2-1210	台	1000	72.853860	72853.86	16%	11656.62
*配电控制设备*交流接触器	CJX2-1810	台	500	94.338480	47169.24	16%	7547.08
合计					¥273207.72		¥43713.24
价税合计（大写）	⊗叁拾壹万陆仟玖佰贰拾圆玖角陆分				（小写）¥316920.96		

销售方	名称：浙江玉珠电器集团有限公司 纳税人识别号：91380913246514232T 地址、电话：温州南华路114号 0577-89329516 开户行及账号：建行温州南华路支行 63289517643283	备注	

收款人：史玉　复核：王安　开票人：罗明　销售方：（章）

第二联：抵扣联 购买方扣税凭证

税总函[2018]520号汉东造币有限公司

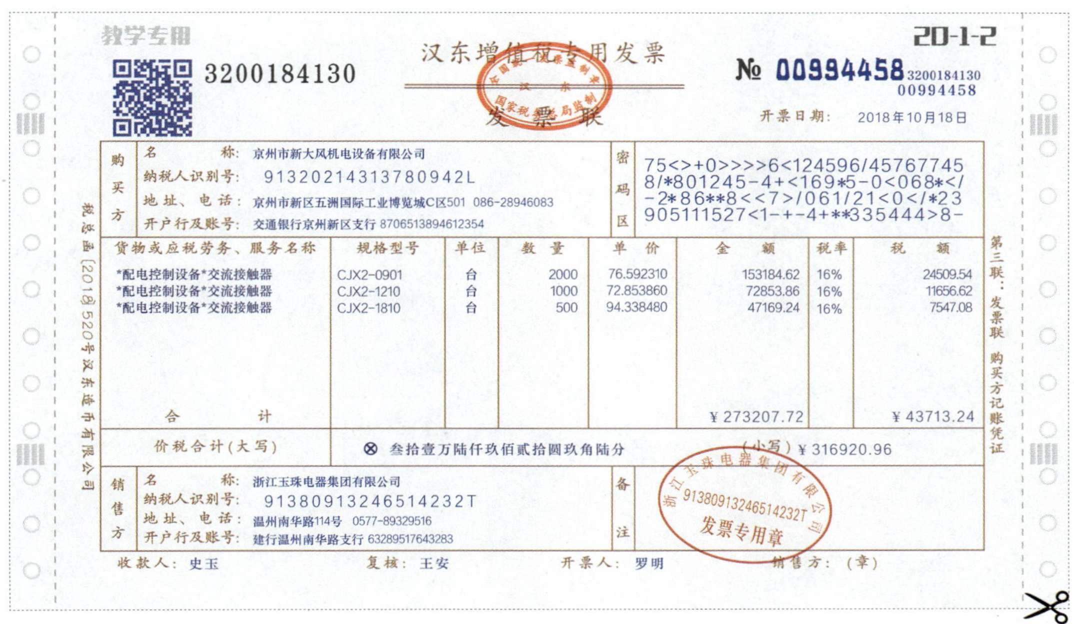

教学专用

20-1-2

3200184130

汉东增值税专用发票

№ 00994458 3200184130 00994458

发票联

开票日期：2018年10月18日

购买方	名称：京州市新大风机电设备有限公司 纳税人识别号：91320214313780942L 地址、电话：京州市新区五洲国际工业博览城C区501 086-28946083 开户行及账号：交通银行京州新区支行 8706513894612354	密码区	75<>+0>>>>6<124596/45767745 8/*801245-4+<169*5-0<068*</ -2*86**8<<7>/061/21<0</*23 905111527<1-+-4+**335444>8-

货物或应税劳务、服务名称	规格型号	单位	数量	单价	金额	税率	税额
*配电控制设备*交流接触器	CJX2-0901	台	2000	76.592310	153184.62	16%	24509.54
*配电控制设备*交流接触器	CJX2-1210	台	1000	72.853860	72853.86	16%	11656.62
*配电控制设备*交流接触器	CJX2-1810	台	500	94.338480	47169.24	16%	7547.08
合计					¥273207.72		¥43713.24
价税合计（大写）	⊗叁拾壹万陆仟玖佰贰拾圆玖角陆分				（小写）¥316920.96		

销售方	名称：浙江玉珠电器集团有限公司 纳税人识别号：91380913246514232T 地址、电话：温州南华路114号 0577-89329516 开户行及账号：建行温州南华路支行 63289517643283	备注	

收款人：史玉　复核：王安　开票人：罗明　销售方：（章）

第三联：发票联 购买方记账凭证

税总函[2018]520号汉东造币有限公司

教学专用

20-2

入库单

2018 年 10 月 18 日　　　　No. 1145036

单位（部门）：仓库

货号	品名及规格	单位	数量	单价	金额	备注
	1 TJX2-0901	台	2000	76.592310	153184.62	
	2 TJX2-1210	台	1000	72.853860	72853.86	
	3 TJX2-1810	台	500	94.338480	47169.24	
	4					
	5					
合计					273207.72	

①存根（白）②记账（红）③回执（黄）

主管 王健　　会计　　记账 叶芳　　保管　　验收 刘云　　制单 刘云

教学专用

20-3

付款申请单

申请部门：采购部　　2018 年 10 月 18 日　　编号：000017

收款单位	浙江玉珠电器集团有限公司		付款原因
银行账号	63289517643283		购货款 10万承兑 31400051/31155038 转账：216920.96
开户行	建行温州南华路支行		
金额	⊗佰叁拾壹万陆仟玖佰贰拾零元玖角陆分		
用款方式	承兑、转账	¥ 316920.96	

单位领导	财务主管	部门主管	经办人
郑快进	叶芳	王健	刘云

金蝶统一会计凭证账簿系列（SK00-F）金蝶妙想互联公司承印

教学专用

20-4

交通银行 BANK OF COMMUNICATIONS	交通银行电子回单				
回单编号	713955090451	回单类型	支付结算	业务名称	支付汇兑
凭证种类		凭证号码		借贷标志	借方
账号	8706513894612354		主账号		
户名	京州市新大风机电设备有限公司				交通银行 业务受理章
开户行名称	交通银行京州新区支行				
对方账号	63289517643283				
对方户名	浙江玉珠电器集团有限公司				
对方开户行名称	建行温州南华路支行				
币种	CNY	金额	216,920.96	金额大写	贰拾壹万陆仟玖佰贰拾元玖角陆分
兑换信息	--	币种		金额	0.00
牌价	0.00000000	币种		金额	0.00
摘要	购货款				
附加信息					
打印次数	1	记账日期	2018-10-18	会计流水号	EEP0000004145178

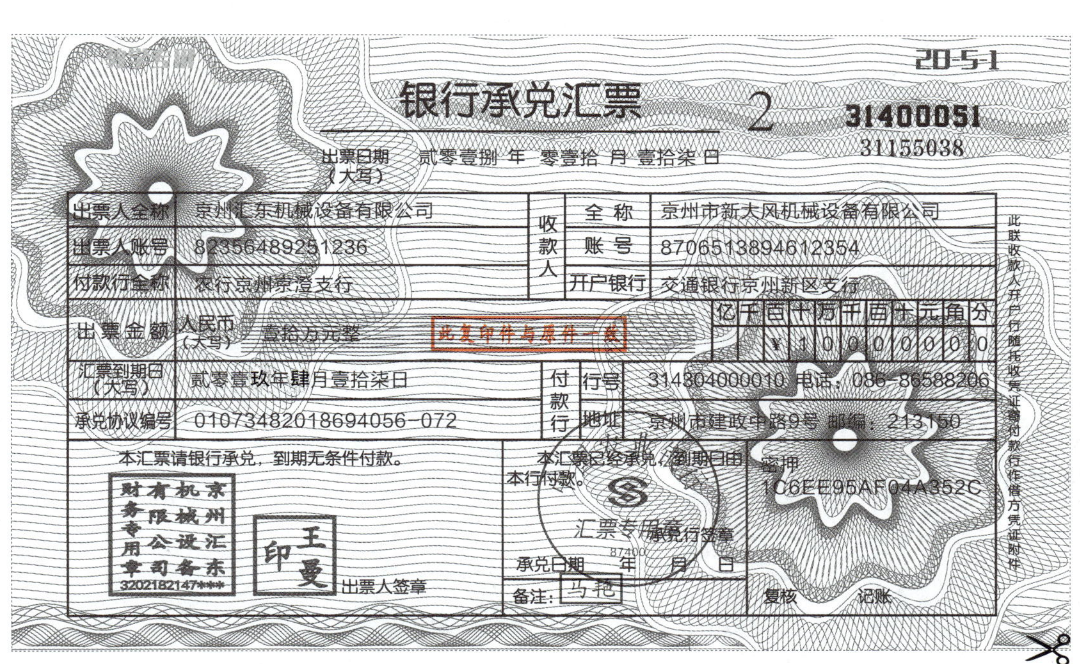

教学专用

20-5-1

银行承兑汇票 2 31400051 31155038

出票日期（大写） 贰零壹捌 年 零壹拾 月 壹拾柒 日

出票人全称	京州汇东机械设备有限公司	收款人	全称	京州市新大风机械设备有限公司
出票人账号	82356489251236		账号	8706513894612354
付款行全称	农行京州京澄支行		开户银行	交通银行京州新区支行
出票金额	人民币（大写） 壹拾万元整		亿千百十万千百十元角分	¥ 1 0 0 0 0 0 0 0
汇票到期日（大写）	贰零壹玖年肆月壹拾柒日	付款行	行号	314304000010 电话：086-86588206
承兑协议编号	01073482018694056-072		地址	京州市建政中路9号 邮编：213150

本汇票请银行承兑，到期无条件付款。

京州汇东机械设备有限公司财务专用章 3202182147***

王曼印

出票人签章

本汇票已经承兑，到期日由本行付款。

汇票专用章 87400

承兑行签章

承兑日期 年 月 日

备注：马艳

密押 1C6EE95AF04A352C

复核 记账

此联收款人开户行随托收凭证寄付款行作借方凭证附件

此复印件与原件一致

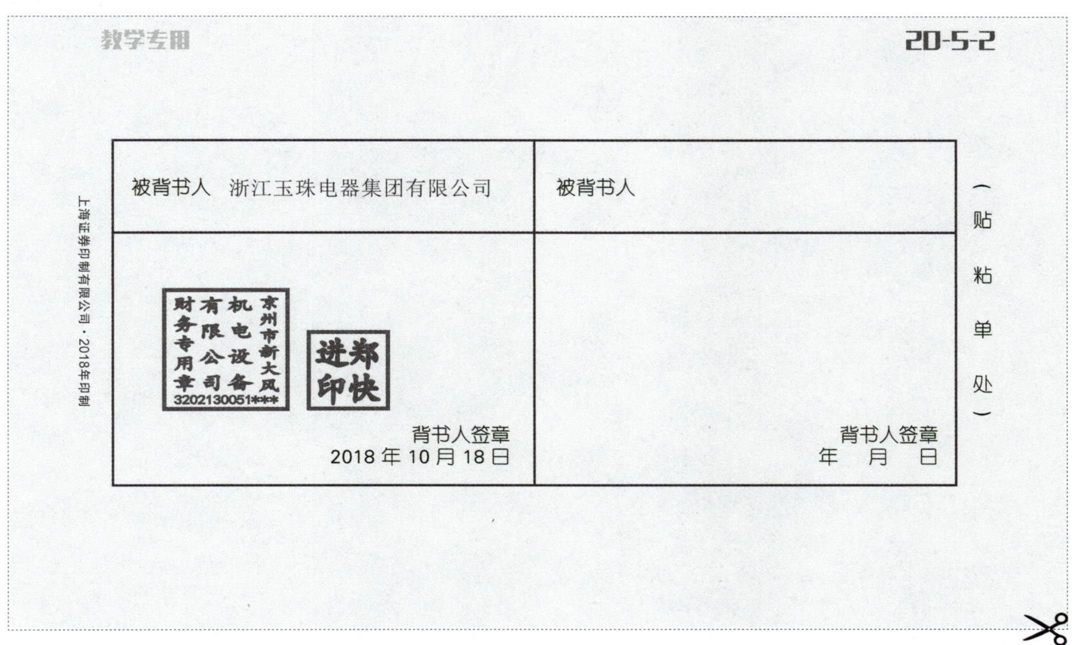

教学专用　　　　20-5-2

被背书人　浙江玉珠电器集团有限公司	被背书人
京州市新大风机电设备有限公司财务专用章 3202130051*** 郑快印进 背书人签章 2018 年 10 月 18 日	背书人签章 年　月　日

（贴粘单处）

上海证券印制有限公司·2018年印制

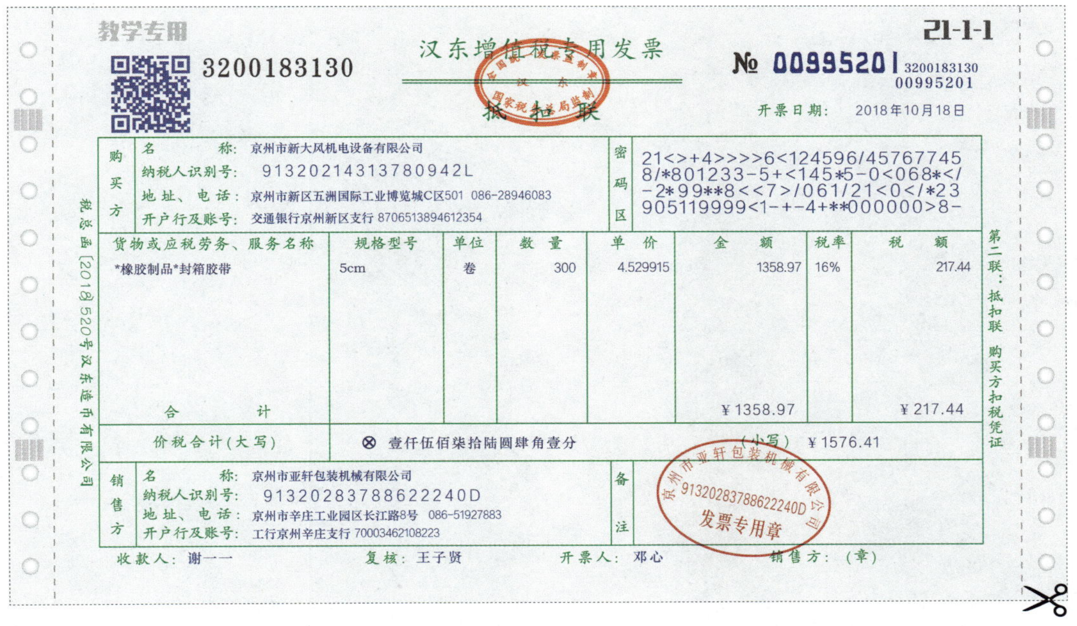

教学专用　　　　21-1-1

汉东增值税专用发票

抵扣联

3200183130　　№ 00995201　3200183130　00995201

开票日期：2018年10月18日

购买方	
名称：	京州市新大风机电设备有限公司
纳税人识别号：	91320214313780942L
地址、电话：	京州市新区五洲国际工业博览城C区501 086-28946083
开户行及账号：	交通银行京州新区支行 8706513894612354

密码区：
21<>+4>>>>6<124596/45767745
8/*801233-5+<145*5-0<068*</
-2*99**8<<7>/061/21<0</*23
905119999<1-+-4+**000000>8-

货物或应税劳务、服务名称	规格型号	单位	数量	单价	金额	税率	税额
*橡胶制品*封箱胶带	5cm	卷	300	4.529915	1358.97	16%	217.44
合计					¥1358.97		¥217.44
价税合计（大写）	⊗ 壹仟伍佰柒拾陆圆肆角壹分				（小写）¥1576.41		

销售方	
名称：	京州市亚轩包装机械有限公司
纳税人识别号：	91320283788622240D
地址、电话：	京州市辛庄工业园区长江路8号 086-51927883
开户行及账号：	工行京州辛庄支行 70003462108223

备注：京州市亚轩包装机械有限公司 91320283788622240D 发票专用章

收款人：谢一一　　复核：王子贤　　开票人：邓心　　销售方：（章）

税总函[2018]520号汉东造币有限公司

第二联：抵扣联　购买方扣税凭证

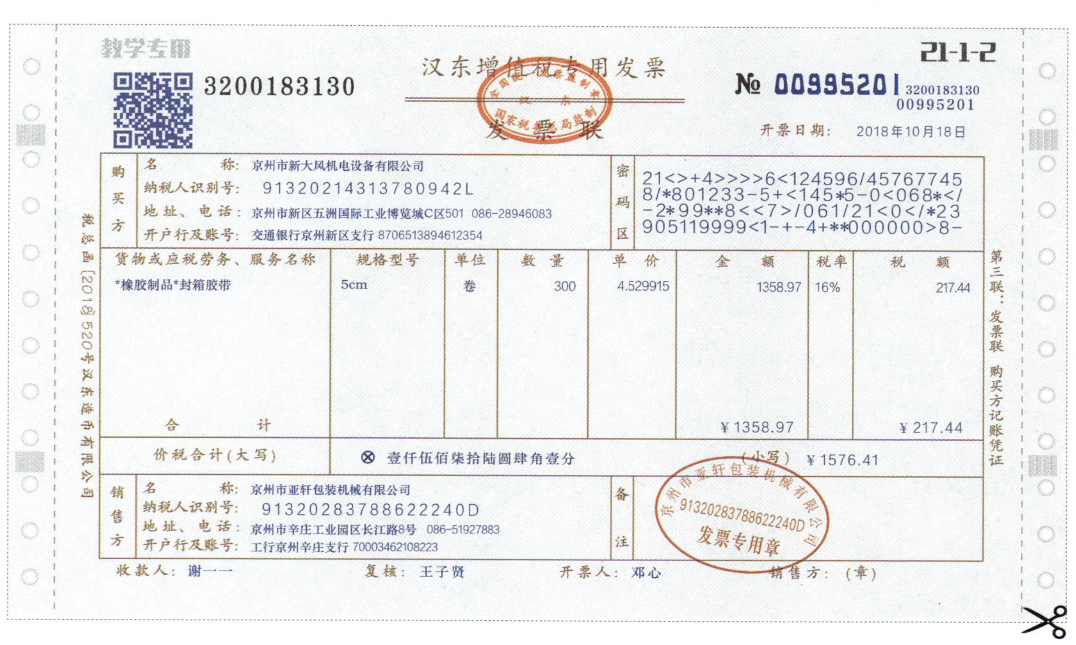

教学专用

21-1-2

汉东增值税专用发票

发票联

3200183130

№ 00995201 3200183130 00995201

开票日期：2018年10月18日

购买方	名称：京州市新大风机电设备有限公司 纳税人识别号：913202143137809 42L 地址、电话：京州市新区五洲国际工业博览城C区501 086-28946083 开户行及账号：交通银行京州新区支行 8706513894612354	密码区	21<>+4>>>>6<124596/45767745 8/*801233-5+<145*5-0<068*</ -2*99**8<<7>/061/21<0</*23 905119999<1-+-4+**000000>8-

货物或应税劳务、服务名称	规格型号	单位	数量	单价	金额	税率	税额
*橡胶制品*封箱胶带	5cm	卷	300	4.529915	1358.97	16%	217.44
合计					¥1358.97		¥217.44
价税合计（大写）	⊗壹仟伍佰柒拾陆圆肆角壹分				（小写）¥1576.41		

销售方	名称：京州市亚轩包装机械有限公司 纳税人识别号：91320283788622240D 地址、电话：京州市辛庄工业园区长江路8号 086-51927883 开户行及账号：工行京州辛庄支行 70003462108223	备注	

收款人：谢一一　复核：王子贤　开票人：邓心　销售方：（章）

税总函[2018]520号汉东造币有限公司

第三联：发票联 购买方记账凭证

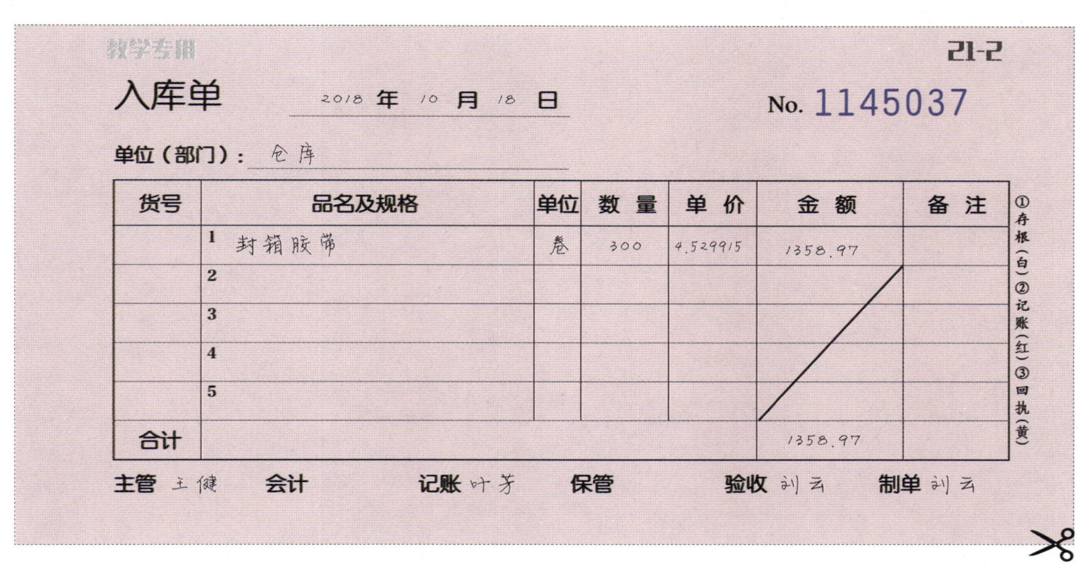

教学专用

21-2

入库单

2018 年 10 月 18 日　　No. 1145037

单位（部门）：仓库

货号	品名及规格	单位	数量	单价	金额	备注
	1 封箱胶带	卷	300	4.529915	1358.97	
	2					
	3					
	4					
	5					
合计					1358.97	

①存根（白）②记账（红）③回执（黄）

主管 王健　会计　记账 叶芳　保管　验收 刘云　制单 刘云

教学专用

21-3

付款申请单

申请部门：采购部　　2018 年 10 月 18 日　　编 号：000018

收款单位	京州市亚轩包装机械有限公司		付款原因
银行账号	70003462108223		购封箱胶带
开户行	工行京州辛庄支行		
金额	⊗佰⊗拾⊗万壹仟伍佰柒拾陆元肆角壹分		
用款方式	转账支票	¥ 1576.41	

单位领导	财务主管	部门主管	经办人
郑快进	叶芳	王健	刘云

金蝶统一会计凭证账簿系列（SX03-F）金蝶妙想互联公司承印

教学专用

21-4

交通银行
转账支票存根
36631102
72203415

附加信息

出票日期 2018 年 10 月 18 日

收款人：
京州市亚轩包装机械有限公司

金　额：¥1,576.41

用　途：封箱胶带

单位主管 叶芳　　会计 王小丽

上海证券印制有限公司·2018印制

教学专用

22-1

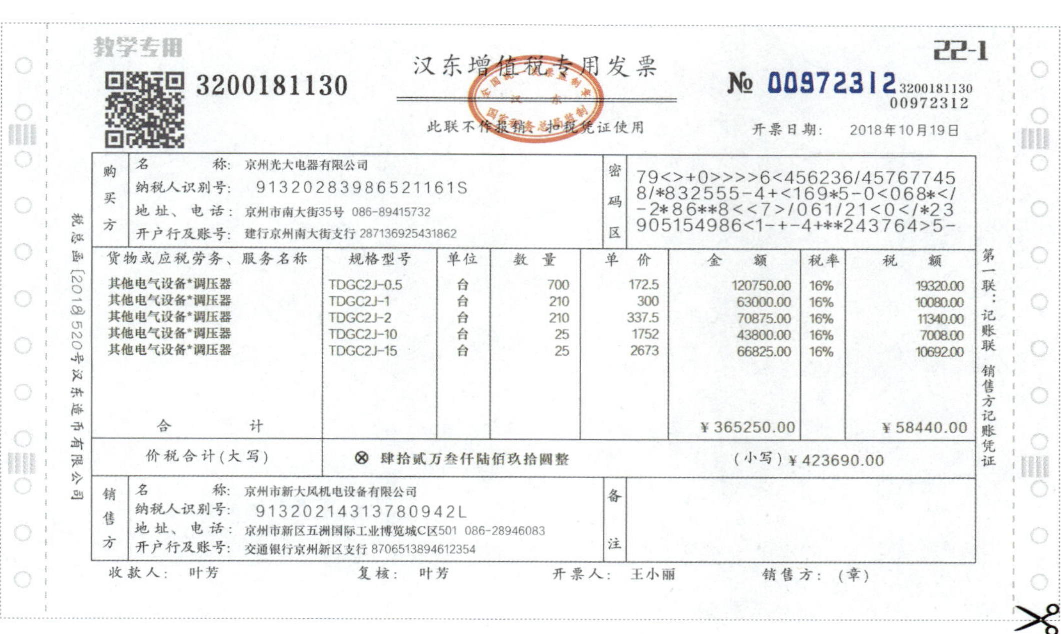

汉东增值税专用发票

3200181130

№ 00972312 3200181130 00972312

此联不作报销、扣税凭证使用

开票日期: 2018年10月19日

购买方	名称: 京州光大电器有限公司 纳税人识别号: 91320283986521161S 地址、电话: 京州市南大街35号 086-89415732 开户行及账号: 建行京州南大街支行 287136925431862	密码区	79<>+0>>>>6<456236/45767745 8/*832555-4+<169*5-0<068*</ -2*86**8<<7>/061/21<0</*23 905154986<1-+-4+**243764>5-

货物或应税劳务、服务名称	规格型号	单位	数量	单价	金额	税率	税额
其他电气设备*调压器	TDGC2J-0.5	台	700	172.5	120750.00	16%	19320.00
其他电气设备*调压器	TDGC2J-1	台	210	300	63000.00	16%	10080.00
其他电气设备*调压器	TDGC2J-2	台	210	337.5	70875.00	16%	11340.00
其他电气设备*调压器	TDGC2J-10	台	25	1752	43800.00	16%	7008.00
其他电气设备*调压器	TDGC2J-15	台	25	2673	66825.00	16%	10692.00
合计					¥365250.00		¥58440.00
价税合计(大写)	⊗ 肆拾贰万叁仟陆佰玖拾圆整				(小写)¥423690.00		

销售方	名称: 京州市新大风机电设备有限公司 纳税人识别号: 91320214313780942L 地址、电话: 京州市新区五洲国际工业博览城C区501 086-28946083 开户行及账号: 交通银行京州新区支行 8706513894612354	备注	

收款人: 叶芳 复核: 叶芳 开票人: 王小丽 销售方: (章)

税总函[2018]520号汉东造币有限公司

第一联: 记账联 销售方记账凭证

教学专用

22-2

交通银行 BANK OF COMMUNICATIONS

交通银行电子回单

回单编号	713955124320	回单类型	支付结算	业务名称	支付汇兑
凭证种类		凭证号码		借贷标志	贷方
账号	8706513894612354		主账号		
户名	京州市新大风机电设备有限公司			交通银行 业务受理章	
开户行名称	交通银行京州新区支行				
对方账号	287136925431862				
对方户名	京州光大电器有限公司				
对方开户行名称	建行京州南长街支行				
币种	CNY	金额	423,690.00	金额大写	肆拾贰万叁仟陆佰玖拾元整
兑换信息	--	币种		金额	0.00
牌价	0.00000000	币种		金额	0.00
摘要					
附加信息					
打印次数	1	记账日期	2018-10-19	会计流水号	EEP0000004210331

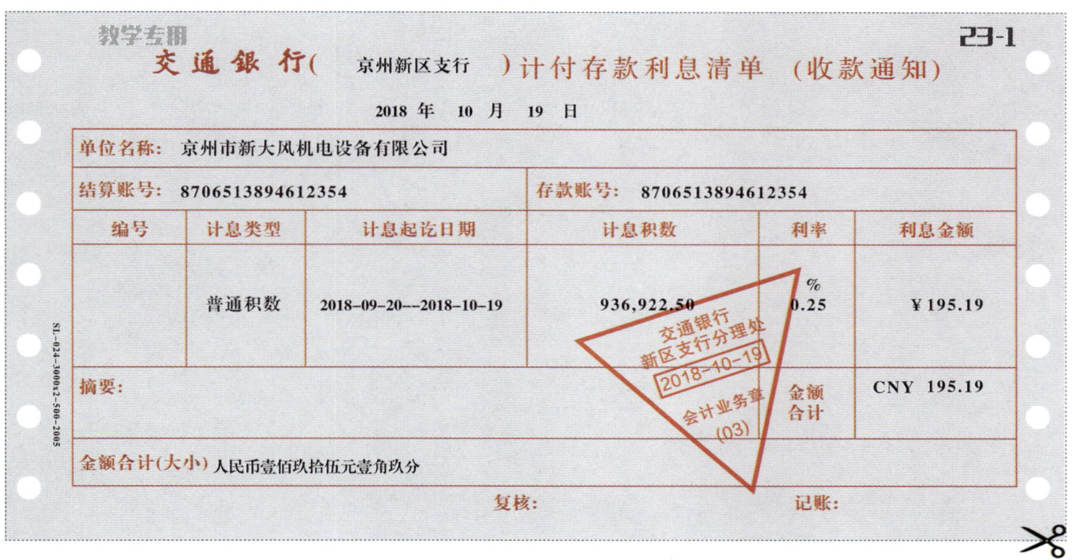

教学专用　　23-1

交通银行（　京州新区支行　）计付存款利息清单（收款通知）

2018 年　10 月　19 日

单位名称：	京州市新大风机电设备有限公司				
结算账号：	8706513894612354		存款账号：	8706513894612354	
编号	计息类型	计息起讫日期	计息积数	利率	利息金额
	普通积数	2018-09-20--2018-10-19	936,922.50	% 0.25	¥195.19
摘要：				金额合计	CNY 195.19
金额合计(大小)	人民币壹佰玖拾伍元壹角玖分				

复核：　　　记账：

SL-024-3000x2-500-2005

交通银行新区支行分理处 2018-10-19 会计业务章 (03)

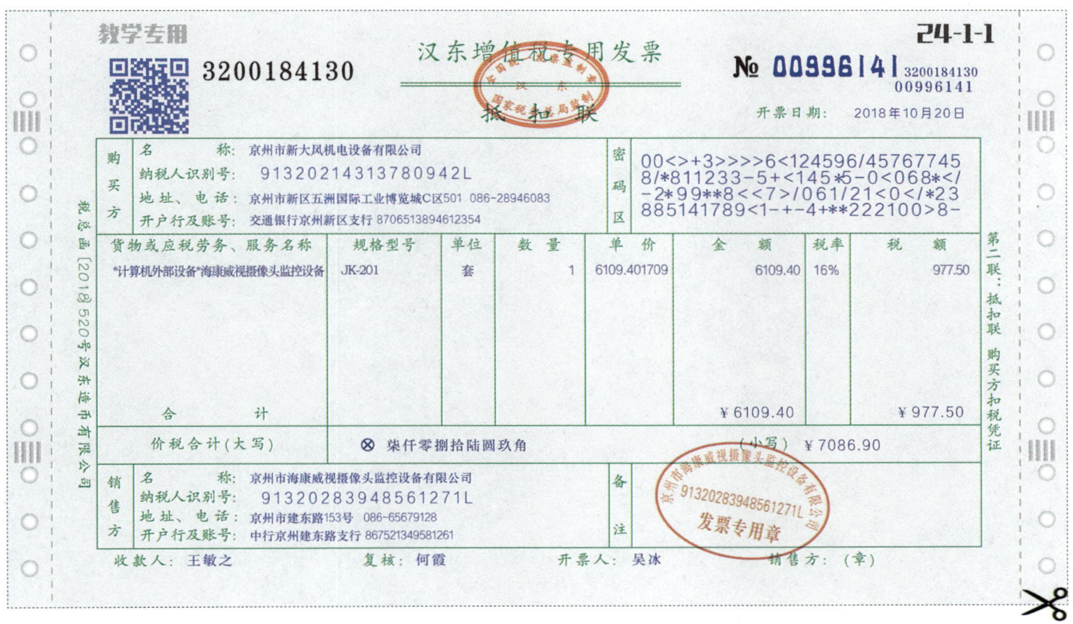

教学专用　　24-1-1

3200184130

汉东增值税专用发票

抵扣联

№ 00996141　3200184130　00996141

开票日期：2018年10月20日

购买方	名称：京州市新大风机电设备有限公司 纳税人识别号：91320214313780942L 地址、电话：京州市新区五洲国际工业博览城C区501 086-28946083 开户行及账号：交通银行京州新区支行 8706513894612354	密码区	00<>+3>>>>6<124596/45767745 8/*811233-5+<145*5-0<068*</ -2*99**8<<7>/061/21<0</*23 885141789<1-+-4+**222100>8-

货物或应税劳务、服务名称	规格型号	单位	数量	单价	金额	税率	税额
*计算机外部设备*海康威视摄像头监控设备	JK-201	套	1	6109.401709	6109.40	16%	977.50
合计					¥6109.40		¥977.50
价税合计（大写）	⊗ 柒仟零捌拾陆圆玖角				（小写）¥7086.90		

销售方	名称：京州市海康威视摄像头监控设备有限公司 纳税人识别号：91320283948561271L 地址、电话：京州市建东路153号 086-65679128 开户行及账号：中行京州建东路支行 867521349581261	备注	京州市海康威视摄像头监控设备有限公司 91320283948561271L 发票专用章

收款人：王敏之　　复核：何霞　　开票人：吴冰　　销售方：（章）

税总函[2018]520号汉东造币有限公司

第二联：抵扣联　购买方扣税凭证

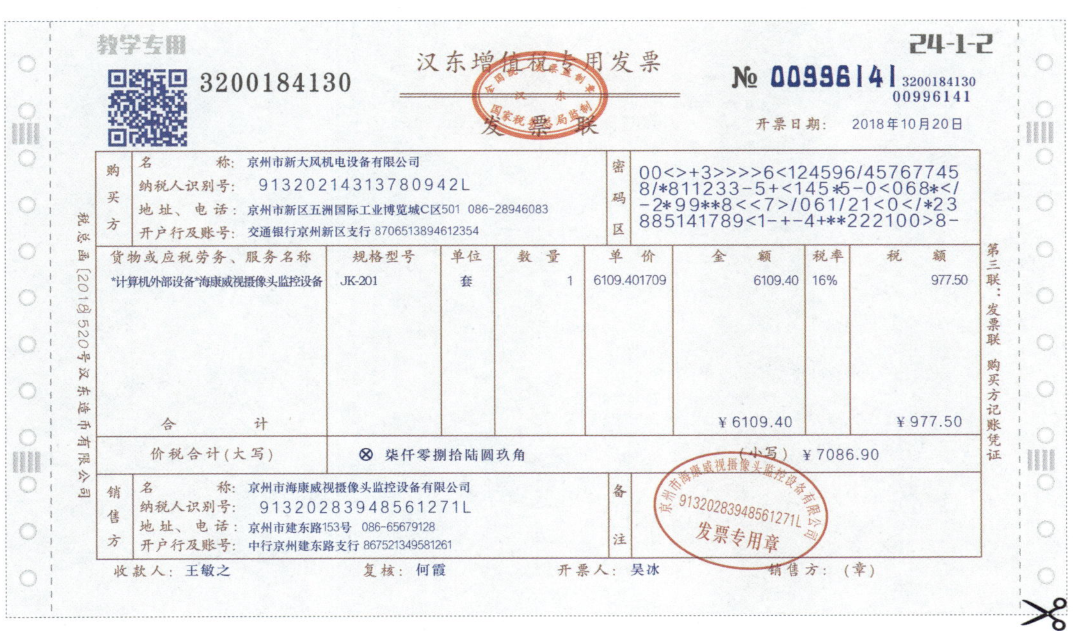

教学专用　24-1-2

汉东增值税专用发票

3200184130　№ 00996141　3200184130　00996141

发票联

开票日期：2018年10月20日

购买方	名　称：京州市新大风机电设备有限公司 纳税人识别号：91320214313780942L 地址、电话：京州市新区五洲国际工业博览城C区501　086-28946083 开户行及账号：交通银行京州新区支行 8706513894612354	密码区	00<>+3>>>>>6<124596/45767745 8/*811233-5+<145*5-0<068*</ -2*99**8<<7>/061/21<0</*23 885141789<1-+-4+**222100>8-

货物或应税劳务、服务名称	规格型号	单位	数量	单价	金额	税率	税额
*计算机外部设备*海康威视摄像头监控设备	JK-201	套	1	6109.401709	6109.40	16%	977.50
合计					¥6109.40		¥977.50
价税合计（大写）	⊗柒仟零捌拾陆圆玖角			（小写）¥7086.90			

销售方	名　称：京州市海康威视摄像头监控设备有限公司 纳税人识别号：91320283948561271L 地址、电话：京州市建东路153号　086-65679128 开户行及账号：中行京州建东路支行 867521349581261	备注	京州市海康威视摄像头监控设备有限公司 91320283948561271L 发票专用章

收款人：王敏之　复核：何霞　开票人：吴冰　销售方：（章）

税总函[2018]520号汉东造币有限公司

第三联：发票联　购买方记账凭证

教学专用　24-2

固定资产验收单

2018年10月20日

代码	固定资产名称	型号规格	类别	签收数量	单位	金额（元）	使用部门	入账日期	增加方式	折旧方法	使用年限	预计净残值
02004	海康威视摄像头监控设备套装	JK-201	电子设备	1	套	6109.40	仓库	2018/10/20	购入	年限平均法	3	305.47

教学专用　24-3

付款申请单

申请部门：采购部　2018 年 10 月 20 日　编号：000019

收款单位	京州市海康威视摄像头监控设备有限公司		付款原因
银行账号	867521349581261		监控设备款
开户行	中行京州建东路支行		
金额	⊗佰⊗拾⊗万柒仟零佰捌拾陆元玖角零分		
用款方式	转账	¥7086.90	

单位领导	财务主管	部门主管	经办人
郑快进	叶芽	王健	刘云

金蝶统一会计凭证审核系统（SX003-F）金蝶凭证联公司承印

教学专用　　　　　　　　　　　　　　　　　　　　24-4

交通银行 BANK OF COMMUNICATIONS	交通银行电子回单				
回单编号	713955131520	回单类型	支付结算	业务名称	支付汇兑
凭证种类		凭证号码		借贷标志	借方
账号	8706513894612354		主账号		
户名	京州市新大风机电设备有限公司				交通银行 业务受理章
开户行名称	交通银行京州新区支行				
对方账号	867521349581261				
对方户名	京州市海康威视摄像头监控设备有限公司				
对方开户行名称	中行京州建东路支行				
币种	CNY	金额	7,086.90	金额大写	柒仟零捌拾陆元玖角
兑换信息	--	币种		金额	0.00
牌价	0.00000000	币种		金额	0.00
摘要	监控设备款				
附加信息					
打印次数	1	记账日期	2018-10-20	会计流水号	EEP0000004229154

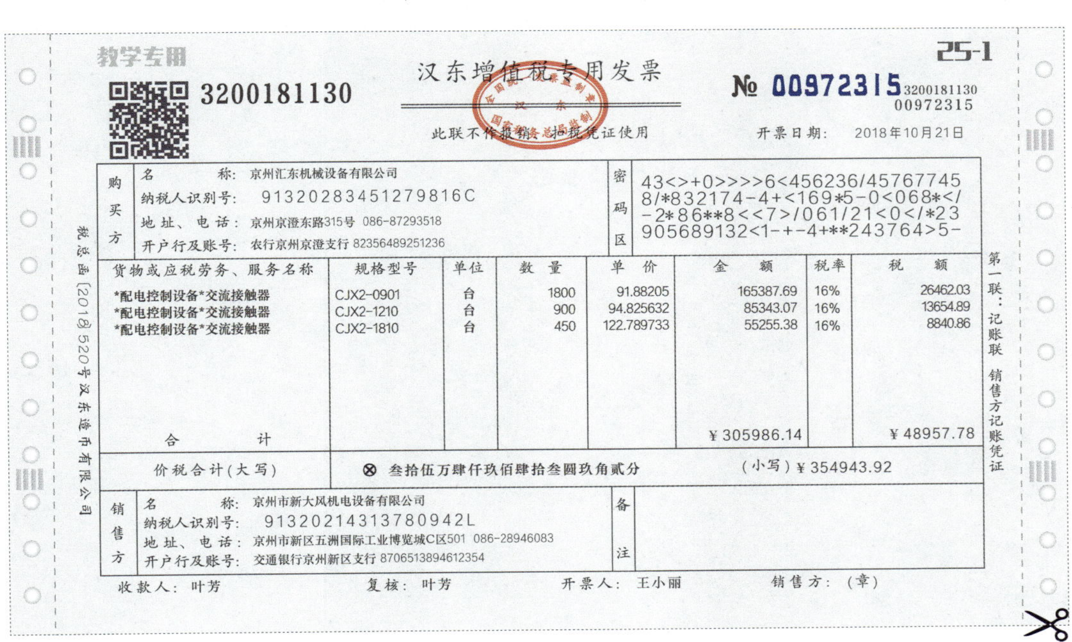

教学专用　　　　　　　　　　　　　　　　　　　　25-1

汉东增值税专用发票

3200181130　　№ 00972315　3200181130 00972315

此联不作报销、扣税凭证使用　　开票日期：2018年10月21日

购买方	名称：京州汇东机械设备有限公司 纳税人识别号：91320283451279816C 地址、电话：京州京澄东路315号 086-87293518 开户行及账号：农行京州京澄支行 82356489251236	密码区	43<>+0>>>>6<456236/45767745 8/*832174-4+<169*5-0<068*</ -2*86**8<<7>/061/21<0</*23 905689132<1-+-4+**243764>5-

货物或应税劳务、服务名称	规格型号	单位	数量	单价	金额	税率	税额
*配电控制设备*交流接触器	CJX2-0901	台	1800	91.88205	165387.69	16%	26462.03
*配电控制设备*交流接触器	CJX2-1210	台	900	94.825632	85343.07	16%	13654.89
*配电控制设备*交流接触器	CJX2-1810	台	450	122.789733	55255.38	16%	8840.86
合计					¥305986.14		¥48957.78
价税合计（大写）	⊗ 叁拾伍万肆仟玖佰肆拾叁圆玖角贰分				（小写）¥354943.92		

销售方	名称：京州市新大风机电设备有限公司 纳税人识别号：91320214313780942L 地址、电话：京州市新区五洲国际工业博览城C区501 086-28946083 开户行及账号：交通银行京州新区支行 8706513894612354	备注	

收款人：叶芳　　复核：叶芳　　开票人：王小丽　　销售方：（章）

税总函［2018］520号汉东造币有限公司

第一联：记账联　销售方记账凭证

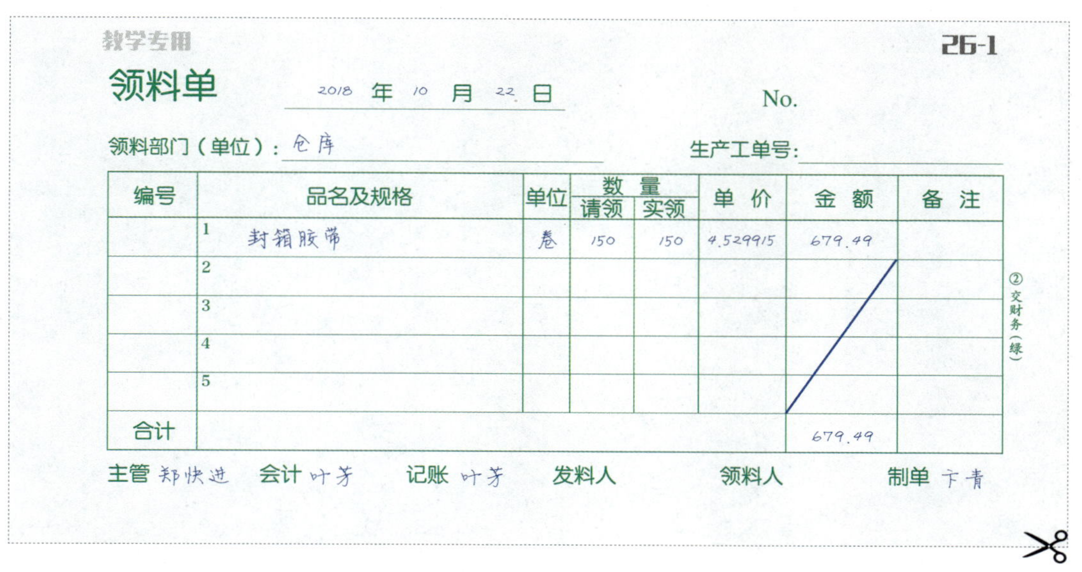

教学专用

26-1

领料单

2018 年 10 月 22 日　　No.

领料部门（单位）：仓库　　生产工单号：

编号	品名及规格	单位	数量 请领	数量 实领	单价	金额	备注
	1 封箱胶带	卷	150	150	4.529915	679.49	
	2						
	3						
	4						
	5						
合计						679.49	

主管 郑快进　会计 叶芳　记账 叶芳　发料人　领料人　制单 卞青

②交财务（绿）

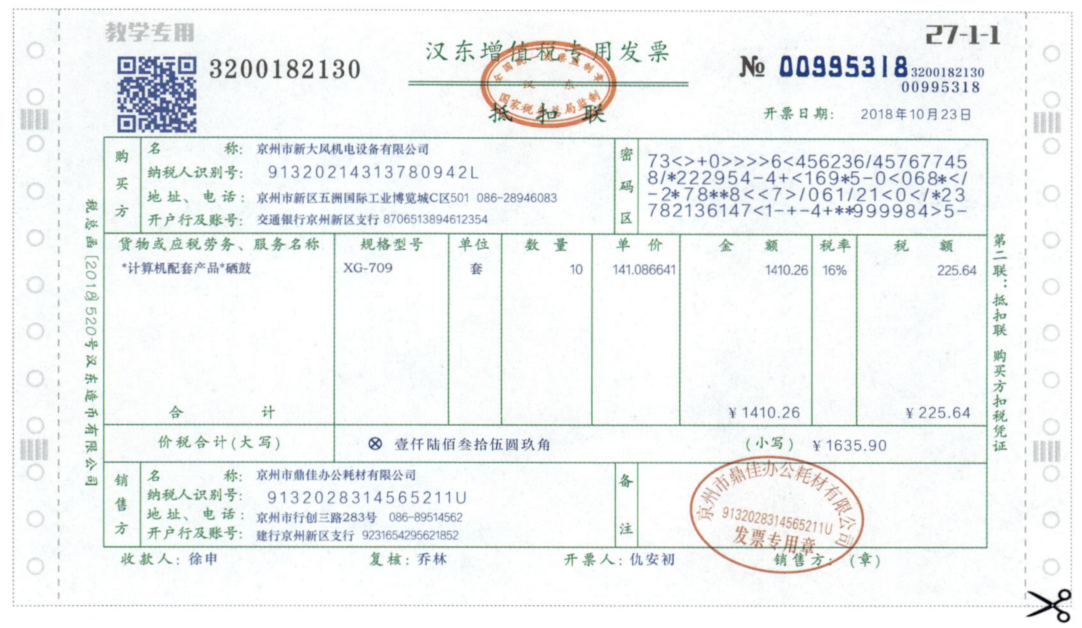

教学专用

27-1-1

汉东增值税专用发票

抵扣联

3200182130　　№ 00995318　3200182130 00995318

开票日期：2018年10月23日

购买方	名称：京州市新大风机电设备有限公司 纳税人识别号：91320214313780942L 地址、电话：京州市新区五洲国际工业博览城C区501 086-28946083 开户行及账号：交通银行京州新区支行 8706513894612354	密码区	73<>+0>>>>6<456236/45767745 8/*222954-4+<169*5-0<068*</ -2*78**8<<7>/061/21<0</*23 782136147<1-+-4+**999984>5-

货物或应税劳务、服务名称	规格型号	单位	数量	单价	金额	税率	税额
*计算机配套产品*硒鼓	XG-709	套	10	141.086641	1410.26	16%	225.64
合计					¥1410.26		¥225.64
价税合计（大写）	⊗ 壹仟陆佰叁拾伍圆玖角				（小写） ¥1635.90		

销售方	名称：京州市鼎佳办公耗材有限公司 纳税人识别号：9132028314565211U 地址、电话：京州市行创三路283号 086-89514562 开户行及账号：建行京州新区支行 9231654295621852	备注	京州市鼎佳办公耗材有限公司 9132028314565211U 发票专用章

收款人：徐申　复核：乔林　开票人：仇安初　销售方：（章）

税总函[2018]520号汉东造币有限公司

第二联：抵扣联 购买方扣税凭证

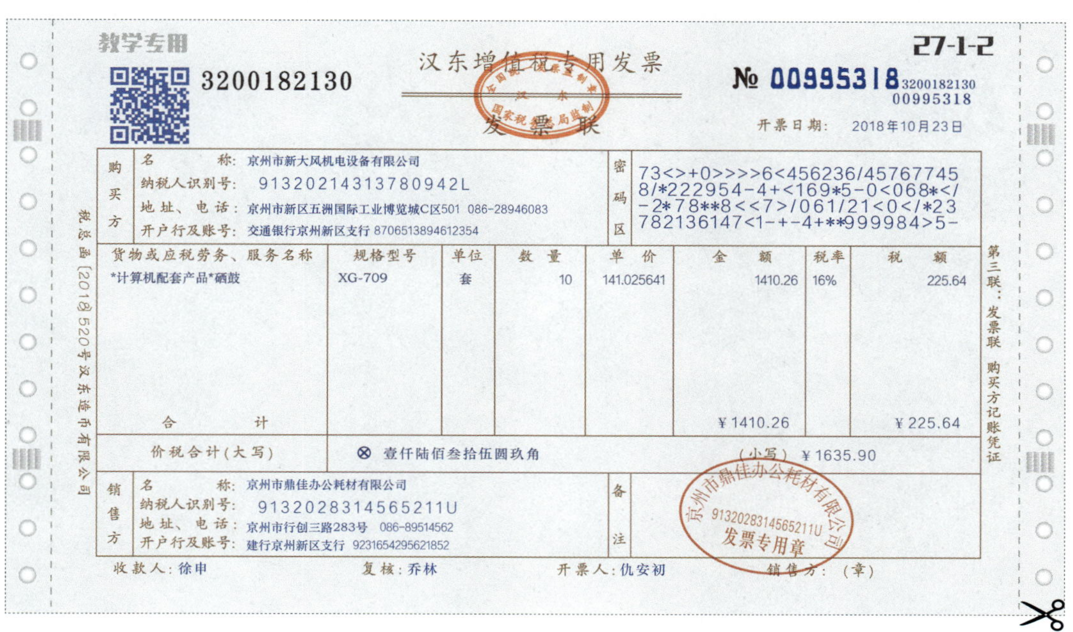

教学专用 27-1-2

3200182130

汉东增值税专用发票

发 票 联

№ 00995318 3200182130 00995318

开票日期： 2018年10月23日

购买方	名　　称：京州市新大风机电设备有限公司 纳税人识别号：91320214313780942L 地址、电话：京州市新区五洲国际工业博览城C区501 086-28946083 开户行及账号：交通银行京州新区支行 8706513894612354	密码区	73<>+0>>>>6<456236/45767745 8/*222954-4+<169*5-0<068*</ -2*78**8<<7>/061/21<0</*23 782136147<1-+-4+**999984>5-

货物或应税劳务、服务名称	规格型号	单位	数量	单价	金额	税率	税额
*计算机配套产品*硒鼓	XG-709	套	10	141.025641	1410.26	16%	225.64
合　　计					¥1410.26		¥225.64
价税合计（大写）	⊗壹仟陆佰叁拾伍圆玖角				（小写）¥1635.90		

销售方	名　　称：京州市鼎佳办公耗材有限公司 纳税人识别号：913202831456521IU 地址、电话：京州市行创三路283号 086-89514562 开户行及账号：建行京州新区支行 9231654295621852	备注	京州市鼎佳办公耗材有限公司 913202831456521IU 发票专用章

收款人：徐申　　复核：乔林　　开票人：仇安初　　销售方：（章）

税总函［2018］520号汉东造币有限公司

第三联：发票联　购买方记账凭证

教学专用 27-2

付款申请单

申请部门：采购部　　2018年10月23日　　编号：000020

收款单位	京州市鼎佳办公耗材有限公司		付款原因
银行账号	9231654295621852		打印机耗材款
开户行	建行京州新区支行		
金额	⊗佰⊗拾⊗万壹仟陆佰叁拾伍元玖角零分		
用款方式	转账支票	¥1635.90	

单位领导	财务主管	部门主管	经办人
郑快进	叶芳	王健	刘云

金蝶统一会计凭证管理系列（SX003-F） 金蝶沙盘有限公司承印

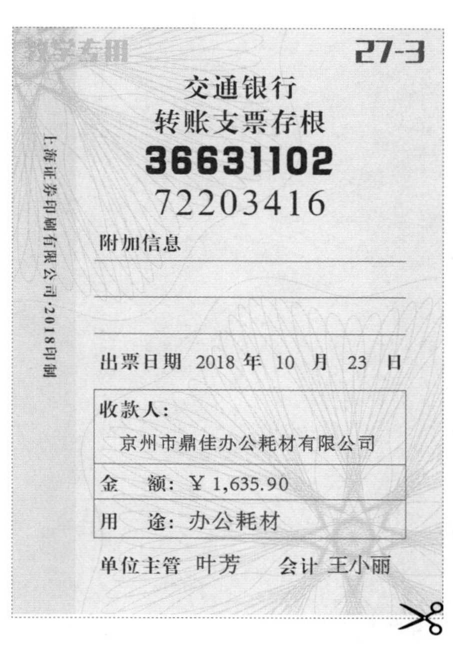

教学专用

27-3

交通银行
转账支票存根

36631102
72203416

上海证券印刷有限公司·2018印制

附加信息

出票日期 2018 年 10 月 23 日

收款人：
京州市鼎佳办公耗材有限公司

金　额：￥1,635.90

用　途：办公耗材

单位主管 叶芳　会计 王小丽

教学专用

28-1

交通银行 BANK OF COMMUNICATIONS　　交通银行电子回单

回单编号	713955135114	回单类型	支付结算	业务名称	支付汇兑
凭证种类		凭证号码		借贷标志	贷方
账号	8706513894612354		主账号		
户名	京州市新大风机电设备有限公司				交通银行 业务受理章
开户行名称	交通银行京州新区支行				
对方账号	82365489251236				
对方户名	京州汇东机械设备有限公司				
对方开户行名称	农业银行京州京澄支行				
币种	CNY	金额	354,943.92	金额大写	叁拾伍万肆仟玖佰肆拾叁元玖角贰分
兑换信息	--	币种		金额	0.00
牌价	0.00000000	币种		金额	0.00
摘要					
附加信息					
打印次数	1	记账日期	2018-10-25	会计流水号	EEP0000004229413

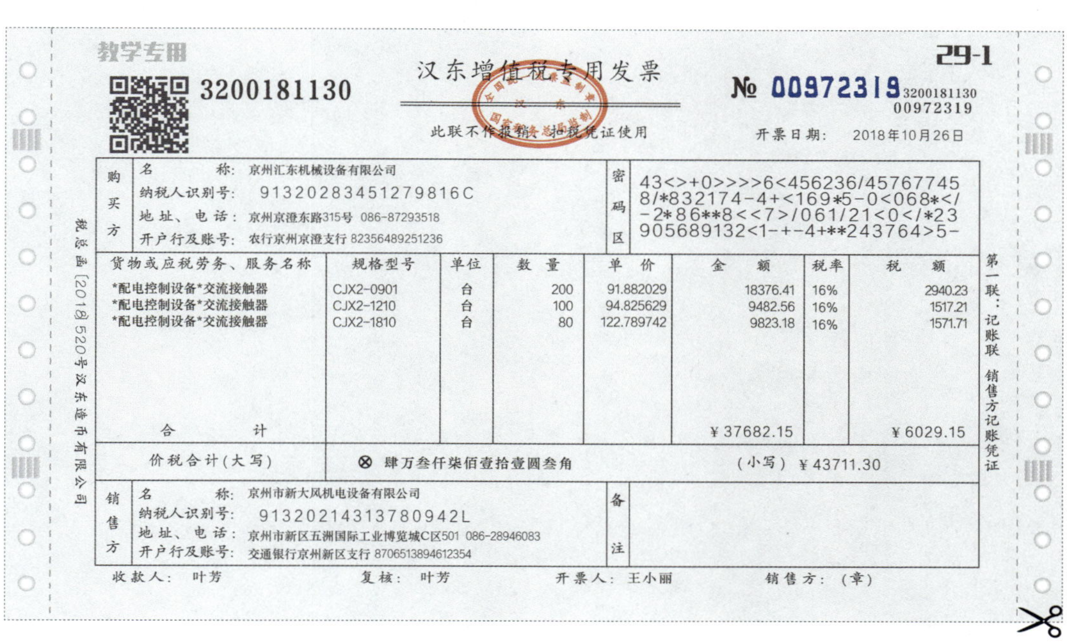

教学专用　29-1

汉东增值税专用发票

3200181130　№ 00972319　3200181130 00972319

此联不作报销、扣税凭证使用　开票日期：2018年10月26日

购买方	名　　称：京州汇东机械设备有限公司 纳税人识别号：91320283451279816C 地 址、电 话：京州京澄东路315号 086-87293518 开户行及账号：农行京州京澄支行 82356489251236	密码区	43<>+0>>>>6<456236/45767745 8/*832174-4+<169*5-0<068*</ -2*86**8<<7>/061/21<0</*23 905689132<1-+-4+**243764>5-

货物或应税劳务、服务名称	规格型号	单位	数量	单价	金额	税率	税额
*配电控制设备*交流接触器	CJX2-0901	台	200	91.882029	18376.41	16%	2940.23
*配电控制设备*交流接触器	CJX2-1210	台	100	94.825629	9482.56	16%	1517.21
*配电控制设备*交流接触器	CJX2-1810	台	80	122.789742	9823.18	16%	1571.71
合　　计					¥37682.15		¥6029.15
价税合计（大写）	⊗ 肆万叁仟柒佰壹拾壹圆叁角				（小写）¥43711.30		

销售方	名　　称：京州市新大风机电设备有限公司 纳税人识别号：91320214313780942L 地 址、电 话：京州市新区五洲国际工业博览城C区501 086-28946083 开户行及账号：交通银行京州新区支行 8706513894612354	备注	

收款人：叶芳　复核：叶芳　开票人：王小丽　销售方：（章）

税总函〔2018〕520号汉东造币有限公司

第一联：记账联　销售方记账凭证

教学专用　30-1

工资结算明细表

所属期限：2018年10月　单位：元

部门	姓名	基本工资	满勤奖	加班	应发合计	应扣个人缴纳保险					税前合计	个人所得税	实发金额
						养老保险 8%	医疗保险 2%	失业保险 0.5%	住房公积金 8%	合计			
总经办	郑快进	5000.00	150.00		5150.00	412.00	103.00	25.75	412.00	952.75	4197.25	20.92	4176.33
	陈林	5000.00	150.00		5150.00	412.00	103.00	25.75	412.00	952.75	4197.25	20.92	4176.33
财务部	叶芳	4500.00	150.00	150.00	4800.00	384.00	96.00	24.00	384.00	888.00	3912.00	12.36	3899.64
	王小丽	3500.00	150.00	50.00	3700.00	296.00	74.00	18.50	296.00	684.50	3015.50	0.00	3015.50
采购部	王健	4000.00	150.00	200.00	4350.00	348.00	87.00	21.75	348.00	804.75	3545.25	1.36	3543.89
	刘云	3800.00	150.00	150.00	4100.00	328.00	82.00	20.50	328.00	758.50	3341.50	0.00	3341.50
销售部	李闯	4500.00	150.00	200.00	4850.00	388.00	97.00	24.25	388.00	897.25	3952.75	13.58	3939.17
	高磊	4000.00	150.00	150.00	4300.00	344.00	86.00	21.50	344.00	795.50	3504.50	0.14	3504.36
仓库	卞青	3800.00	150.00	200.00	4150.00	332.00	83.00	20.75	332.00	767.75	3382.25	0.00	3382.25
合计		38100.00	1350.00	1100.00	40550.00	3244.00	811.00	202.75	3244.00	7501.75	33048.25	69.28	32978.97

教学专用

31-1

社保分配表

所属期限：2018年10月

单位：元

部门	工资合计	企业							个人				合计					
		养老保险 20%	基本医疗保险 7%	补充医疗保险 0.9%	失业保险 1%	工伤保险 0.7%	生育保险 0.5%	合计	养老保险 8%	医疗保险 2%	失业保险 0.5%	合计	养老保险	医疗保险	失业保险	工伤保险	生育保险	合计
总经办	10300.00	2060.00	721.00	92.70	103.00	72.10	51.50	3100.30	824.00	206.00	51.50	1081.50	2884.00	1019.70	154.50	72.10	51.50	4181.80
财务部	8500.00	1700.00	595.00	76.50	85.00	59.50	42.50	2558.50	680.00	170.00	42.50	892.50	2380.00	841.50	127.50	59.50	42.50	3451.00
采购部	8450.00	1690.00	591.50	76.05	84.50	59.15	42.25	2543.45	676.00	169.00	42.25	887.25	2366.00	836.55	126.75	59.15	42.25	3430.70
销售部	9150.00	1830.00	640.50	82.35	91.50	64.05	45.75	2754.15	732.00	183.00	45.75	960.75	2562.00	905.85	137.25	64.05	45.75	3714.90
仓库	4150.00	830.00	290.50	37.35	41.50	29.05	20.75	1249.15	332.00	83.00	20.75	435.75	1162.00	410.85	62.25	29.05	20.75	1684.90
合计	40550.00	8110.00	2838.50	364.95	405.50	283.85	202.75	12205.55	3244.00	811.00	202.75	4257.75	11354.00	4014.45	608.25	283.85	202.75	16463.30

教学专用

31-2

公积金分配表

所属期限：2018年10月

单位：元

部门	工资合计	单位应缴	个人应缴
总经办	10300.00	824.00	824.00
财务部	8500.00	680.00	680.00
采购部	8450.00	676.00	676.00
销售部	9150.00	732.00	732.00
仓库	4150.00	332.00	332.00
合计	40550.00	3244.00	3244.00

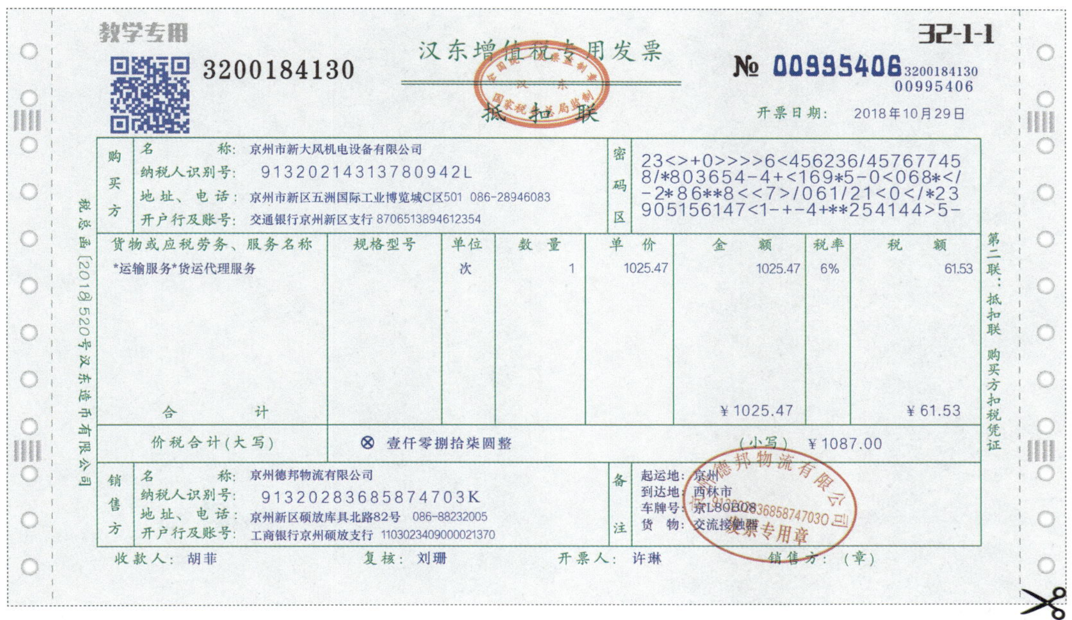

教学专用

32-1-1

3200184130

汉东增值税专用发票

抵扣联

№ 00995406 3200184130 00995406

开票日期： 2018年10月29日

购买方	名称：京州市新大风机电设备有限公司 纳税人识别号：91320214313780942L 地址、电话：京州市新区五洲国际工业博览城C区501 086-28946083 开户行及账号：交通银行京州新区支行 8706513894612354	密码区	23<>+0>>>>6<456236/45767745 8/*803654-4+<169*5-0<068*</ -2*86**8<<7>/061/21<0</*23 905156147<1-+-4+**254144>5-

货物或应税劳务、服务名称	规格型号	单位	数量	单价	金额	税率	税额
*运输服务*货运代理服务		次	1	1025.47	1025.47	6%	61.53
合计					¥1025.47		¥61.53
价税合计（大写）	⊗ 壹仟零捌拾柒圆整				（小写） ¥1087.00		

销售方	名称：京州德邦物流有限公司 纳税人识别号：91320283685874703K 地址、电话：京州新区硕放库具北路82号 086-88232005 开户行及账号：工商银行京州硕放支行 1103023409000021370	备注	起运地：京州 到达地：西林市 车牌号：京L80B08 货物：交流接触器

收款人：胡菲　　复核：刘珊　　开票人：许琳　　销售方：（章）

第二联：抵扣联 购买方扣税凭证

税总函[2018]520号汉东造币有限公司

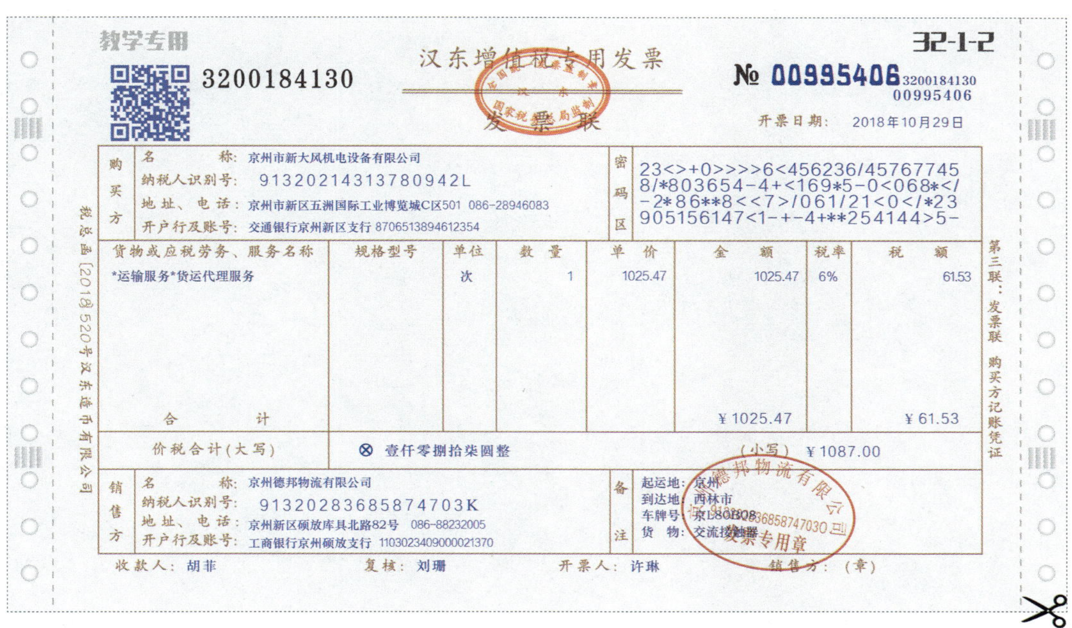

教学专用　　32-1-2

汉东增值税专用发票

3200184130　　№ 00995406　3200184130　00995406

发票联

开票日期：2018年10月29日

		密码区	
购买方	名称：京州市新大风机电设备有限公司 纳税人识别号：91320214313780942L 地址、电话：京州市新区五洲国际工业博览城C区501 086-28946083 开户行及账号：交通银行京州新区支行 8706513894612354	密码区	23<>+0>>>>6<456236/45767745 8/*803654-4+<169*5-0<068*</ -2*86**8<<7>/061/21<0</*23 905156147<1-+-4+**254144>5-

货物或应税劳务、服务名称	规格型号	单位	数量	单价	金额	税率	税额
*运输服务*货运代理服务		次	1	1025.47	1025.47	6%	61.53
合计					¥1025.47		¥61.53
价税合计（大写）	⊗壹仟零捌拾柒圆整				（小写）¥1087.00		

		备注	
销售方	名称：京州德邦物流有限公司 纳税人识别号：91320283685874703K 地址、电话：京州新区硕放库具北路82号 086-88232005 开户行及账号：工商银行京州硕放支行 1103023409000021370	备注	起运地：京州 到达地：西林市 车牌号：京L80B08 货物：交流接触器

收款人：胡菲　　复核：刘珊　　开票人：许琳　　销售方：（章）

税总函[2018]520号汉东造币有限公司

第三联：发票联　购买方记账凭证

教学专用　　32-2

付款申请单

申请部门：销售部　　2018年10月29日　　编号：000021

收款单位	京州德邦物流有限公司		付款原因
银行账号	1103023409000021370		运费
开户行	工商银行京州硕放支行		
金额	⊗佰⊗拾⊗万壹仟零佰捌拾柒元零角零分		
用款方式	转账	¥1087.00	

单位领导	财务主管	部门主管	经办人
郑快进	叶芳	李闯	高磊

教学专用 32-3

交通银行 BANK OF COMMUNICATIONS

交通银行电子回单

回单编号	713955271423	回单类型	支付转账	业务名称	支付汇兑
凭证种类		凭证号码		借贷标志	借方
账号	8706513894612354		主账号		
户名	京州市新大风机电设备有限公司				交通银行 业务受理章
开户行名称	交通银行京州新区支行				
对方账号	1103023409000021370				
对方户名	京州德邦物流有限公司				
对方开户行名称	工商银行京州硕放支行				
币种	CNY	金额	1,087.00	金额大写	壹仟零捌拾柒元整
兑换信息	--	币种		金额	0.00
牌价	0.00000000	币种		金额	0.00
摘要	运费				
附加信息					
打印次数	1	记账日期	2018-10-29	会计流水号	EEP0000004232089

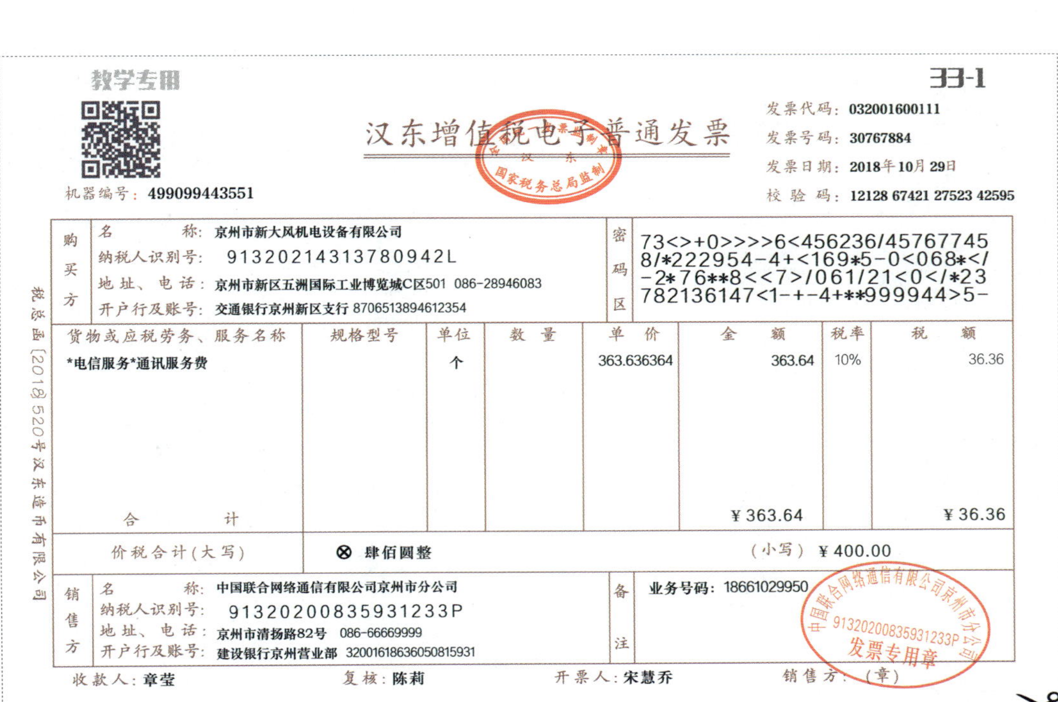

教学专用 33-1

汉东增值税电子普通发票

（印章：汉东 国家税务总局监制）

发票代码：032001600111
发票号码：30767884
开票日期：2018年10月29日
校验码：12128 67421 27523 42595

机器编号：499099443551

购买方	名称：京州市新大风机电设备有限公司 纳税人识别号：91320214313780942L 地址、电话：京州市新区五洲国际工业博览城C区501 086-28946083 开户行及账号：交通银行京州新区支行 8706513894612354	密码区	73<>+0>>>>6<456236/45767745 8/*222954-4+<169*5-0<068*</ -2*76**8<<7>/061/21<0</*23 782136147<1-+-4+**999944>5-

货物或应税劳务、服务名称	规格型号	单位	数量	单价	金额	税率	税额
*电信服务*通讯服务费		个		363.636364	363.64	10%	36.36
合计					¥363.64		¥36.36
价税合计（大写）	⊗肆佰圆整				（小写）¥400.00		

销售方	名称：中国联合网络通信有限公司京州市分公司 纳税人识别号：91320200835931233P 地址、电话：京州市清扬路82号 086-66669999 开户行及账号：建设银行京州营业部 32001618636050815931	备注	业务号码：18661029950

（印章：中国联合网络通信有限公司京州市分公司 91320200835931233P 发票专用章）

收款人：章莹　　复核：陈莉　　开票人：宋慧乔　　销售方：（章）

税总函[2018]520号汉东造币有限公司

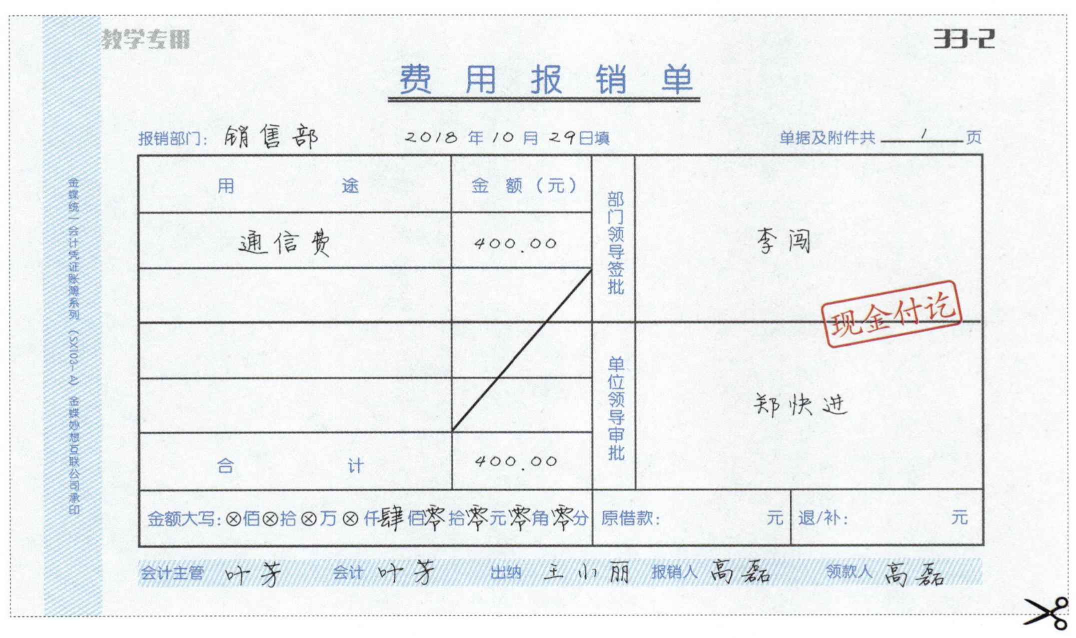

教学专用　　33-2

费用报销单

报销部门：销售部　　2018 年 10 月 29 日填　　单据及附件共 1 页

用途	金额（元）	部门领导签批	李闯
通信费	400.00		
		单位领导审批	郑快进
合计	400.00		
金额大写：⊗佰⊗拾⊗万⊗仟肆佰零拾零元零角零分		原借款：　元	退/补：　元

现金付讫

会计主管 叶芳　会计 叶芳　出纳 王小丽　报销人 高磊　领款人 高磊

金蝶统一会计凭证账簿系列（SX103-A）金蝶妙想互联公司承印

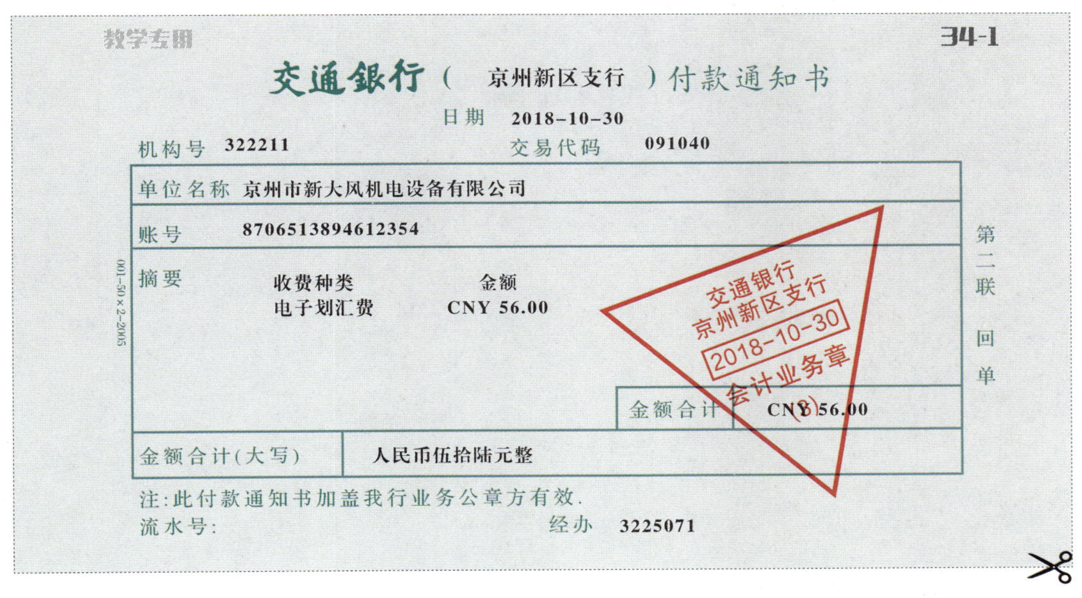

教学专用　　34-1

交通银行（京州新区支行）付款通知书

日期 2018-10-30

机构号 322211　　交易代码 091040

单位名称	京州市新大风机电设备有限公司		
账号	8706513894612354		
摘要	收费种类 电子划汇费	金额 CNY 56.00	
		金额合计	CNY 56.00
金额合计（大写）	人民币伍拾陆元整		

第二联 回单

交通银行 京州新区支行 2018-10-30 会计业务章（3）

注：此付款通知书加盖我行业务公章方有效.

流水号：　　经办 3225071

001-50×2-2005

教学专用

35-1

固定资产折旧明细表

2018年10月31日

折旧方法：年限平均法

类别	名称	使用部门	入账日期	原值	使用年限	残值率%	预计净残值	已使用月份	本月折旧	累计折旧	净值
器具、工具、家具	组合办公家具	总经办	2018年09月	19750. 00	5	5	987. 50	1	312. 71	312. 71	18762. 50
	货架	仓库	2018年09月	6000. 00	5	5	300. 00	1	95. 00	95. 00	5700. 00
	保险柜	财务部	2018年09月	2991. 45	5	5	149. 57	1	47. 36	47. 36	2841. 88
	奥克斯空调	总经办	2018年09月	14957. 26	5	5	747. 86	1	236. 82	236. 82	14209. 40
电子设备	电脑-郑快进	总经办	2018年09月	3247. 86	3	5	162. 39	1	85. 71	85. 71	3085. 47
	电脑-陈林	总经办	2018年09月	3247. 86	3	5	162. 39	1	85. 71	85. 71	3085. 47
	电脑-叶芳	财务部	2018年09月	3247. 86	3	5	162. 39	1	85. 71	85. 71	3085. 47
	电脑-王小丽	财务部	2018年09月	3247. 86	3	5	162. 39	1	85. 71	85. 71	3085. 47
	电脑-王健	采购部	2018年09月	3247. 86	3	5	162. 39	1	85. 71	85. 71	3085. 47
	电脑-刘云	采购部	2018年09月	3247. 86	3	5	162. 39	1	85. 71	85. 71	3085. 47
	电脑-李闯	销售部	2018年09月	3247. 86	3	5	162. 39	1	85. 71	85. 71	3085. 47
	电脑-高磊	销售部	2018年09月	3247. 86	3	5	162. 39	1	85. 71	85. 71	3085. 47
	电脑-卞青	仓库	2018年09月	3247. 86	3	5	162. 39	1	85. 71	85. 71	3085. 47
	电脑	总经办	2018年09月	3247. 89	3	5	162. 39	1	85. 71	85. 71	3085. 47
	打印机-总经办	总经办	2018年09月	2991. 45	3	5	149. 57	1	78. 94	78. 94	2841. 88
	打印机-销售部	销售部	2018年09月	2991. 45	3	5	149. 57	1	78. 94	78. 94	2841. 88
	打印机-仓库	仓库	2018年09月	2991. 46	3	5	149. 57	1	78. 94	78. 94	2841. 88
	合计			85151. 70					1785. 81	1785. 81	83365. 89

教学专用

36-1

无形资产摊销明细表

所属期限：2018年10月

单位：元

项目	金额	摊销时间	摊销期（月）	月摊销额	本年摊销额	累计摊销额	净值
金蝶软件	29914. 45	2018.09-2028.08	120	249. 29	498. 58	498. 58	29415. 87

教学专用

37-1

租金管理摊销明细表

所属期限：2018年10月

单位：元

项目	金额	摊销期间	摊销期（月）	月摊销额	本年摊销额	累计摊销额	剩余摊销金额
房租	18000.00	2018.09-2018.11	3	6000.00	12000.00	12000.00	6000.00

教学专用

长期待摊费用摊销明细表

38-1

所属期限：2018年10月　　单位：元

项目	金额	摊销期间	摊销期（月）	月摊销额	本年摊销额	累计摊销额	剩余摊销金额
费用	20000.00	2018.10-2021.09	36	555.56	555.56	555.56	19444.44

教学专用

未交增值税结转表

39-1

所属期限：2018年10月　　单位：元

项目	栏次	金额
本期销项税额	1	
本期进项税额	2	
上期留抵税额	3	
本期进项税额转出	4	
减免税额	5	
应纳税额合计	6=1+4-2-3-5	

教学专用

附加税费计提表

40-1

年　月　日　　单位：元

应交税费明细项目	计算依据	金　额	税　率	应纳税费	备　注
城市维护建设税	应交增值税				
教育费附加	应交增值税				
地方教育费附加	应交增值税				
合　计					

41-1

数量金额总账

京州市新大风机电设备有限公司

2018年第10期

科目编码	科目名称	单位	期初余额				本期借方		本期贷方		期末余额			
			方向	数量	单价	金额	数量	金额	数量	金额	方向	数量	单价	金额

教学专用

42-1

计提所得税明细表

计提日期：

项目名称	金额
营业收入	
营业成本	
税金及附加	
销售费用	
管理费用	
财务费用	
营业外收入	
利润总额	
应纳税所得额	
所得税率	
应纳税额	

图书在版编目（CIP）数据

商业企业真账实训 /《商业企业真账实训》编写组主编 . -- 北京：中国人民大学出版社，2018.8
21 世纪职业教育规划教材 . 会计真账实训系列
ISBN 978-7-300-25946-8

Ⅰ . ①商… Ⅱ . ①商… Ⅲ . ①商业会计 - 职业教育 - 教材 Ⅳ . ① F715.51

中国版本图书馆 CIP 数据核字（2018）第 139717 号

21 世纪职业教育规划教材 · 会计真账实训系列
商业企业真账实训
《商业企业真账实训》编写组 主编
Shangye Qiye Zhenzhang Shixun

出版发行	中国人民大学出版社		
社　　址	北京中关村大街 31 号	**邮政编码**	100080
电　　话	010-62511242（总编室）		010-62511770（质管部）
	010-82501766（邮购部）		010-62514148（门市部）
	010-62515195（发行公司）		010-62515275（盗版举报）
网　　址	http://www.crup.com.cn		
	http://www.ttrnet.com（人大教研网）		
经　　销	新华书店		
印　　刷	北京玺诚印务有限公司		
规　　格	185 mm × 260 mm　16 开本	**版　　次**	2018 年 8 月第 1 版
印　　张	12	**印　　次**	2018 年 8 月第 1 次印刷
字　　数	140 000	**定　　价**	38.00 元